知っておきたい

幸せになれる九星気学入門

人生がもっと楽しくなる
九星気学のススメ

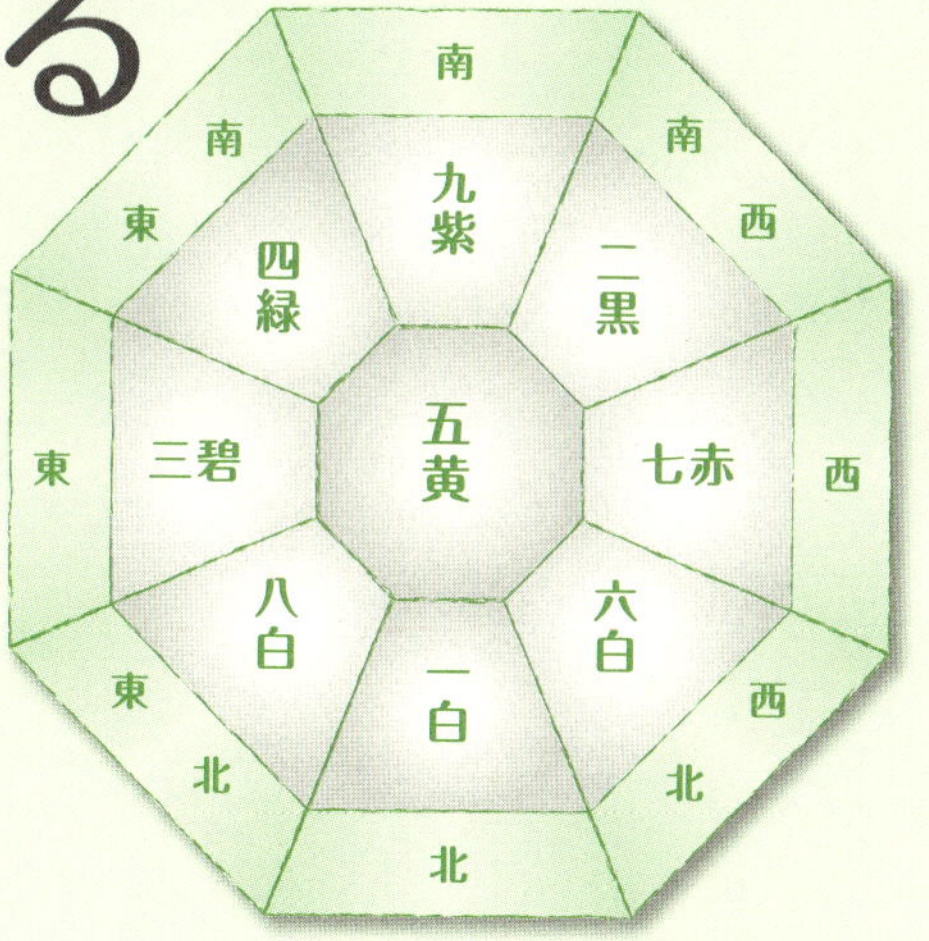

はじめに

私たち人間は、この大宇宙の一部であり、大きな自然の懐に抱かれて生きています。どんなに時代が変わろうと、自然界の影響を受け、そのルールを無視して生きていくことはできません。

この大自然のバイオリズムである「自然周期律」を母体に、大宇宙に満ちている「気」の循環を背景として、人間としての生活のあり方や人生の過ごし方、さらには強運のシステムを追究することによって、運気の向上を手助けしてくれるのが、「九星気学」なのです。

人はよく、幸運なことがあると「運が良かった」と喜び、不運な出来事や悲しいことがあると「運が悪かった」と嘆きます。しかし、これは決して偶然に起こるのではありません。運の良し悪し、言い換えれば「運気」は九星に影響されており、積極的に良い方位を使うことでより多くの幸運に恵まれ、大難を小難に、小難を無難にすることができます。つまり九星気学は、運命を創造するためのシステム、運命の設計図といえるでしょう。

ただし、九星気学は、正しい知識に基づいて用いなければ意味がありません。間違って使えば、かえって不運を招くことさえあります。

本書では、九星の種類や象意、運気の見方、性格や仕事・恋愛の特徴、相性の見方、吉方位や凶方位などについてやさしく解説しました。

「気」は目に見えず、色や形もありませんが、じつにさまざまな人生の指針を示してくれます。皆さんもこの本で、幸せに心豊かに、そして健康に暮らすための運命設計図を引いてみましょう。本書によって、一人でも多くの方が幸運な人生を送ってくだされば幸いです。

井上　象英

［目次］

第2章 自分の性格を知ろう

八角形について

古代中国で世界で初めて磁石が発見され、磁石が指す北を基準に、その反対が南、さらに東、西、東南、西南、西北、東北…と方位が定められました。これを元に、次第に方位の吉凶や、方位によって運気を向上させるといった考えが生まれ、方位盤が形づくられてきました。

本書では、気学の発祥である「河図・洛書」に基づき、運気の流れを表すのに、正八角形の図で説明しています。ここで注意しなければならないのが、移転や旅行などの方位の吉凶を見る気学の方位盤と、この運勢を判断するための八角形の図は少し種類が違うということです。

運気を説明している八角形は、四十五度ずつの正八角形ですが、気学で用いる方位盤は、「方位」に重点を置き、地支（十二支）を基本として八宮（八方位）が配当され、東西南北はそれぞれ三十度、その間は各六十度に分けられている「変形八角形」の盤です。旅行や移転などの方位を判断する際は、この変形八角形の盤を使用しなくてはなりません。

また、本書では論じませんが、家相を見る「家相盤」は四十五度の八つを方位とし、その八宮をさらに三分割して全体を二十四室に分け、それぞれの方位としていますので、家相の吉凶を判断する盤は「正八角形」の盤となります。

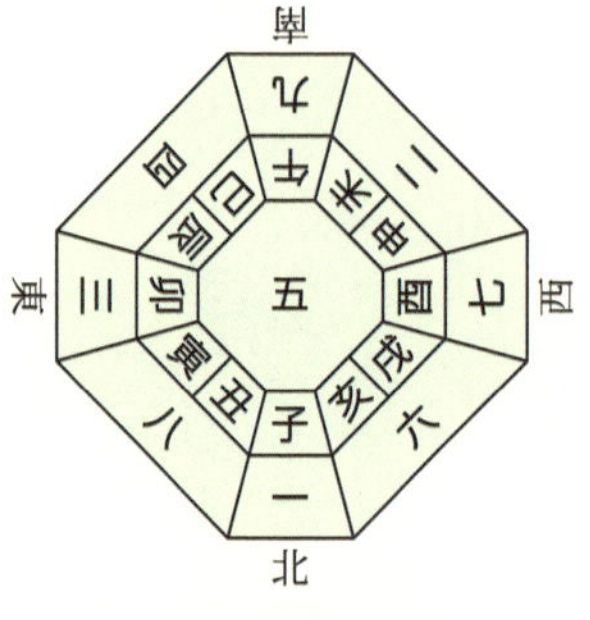

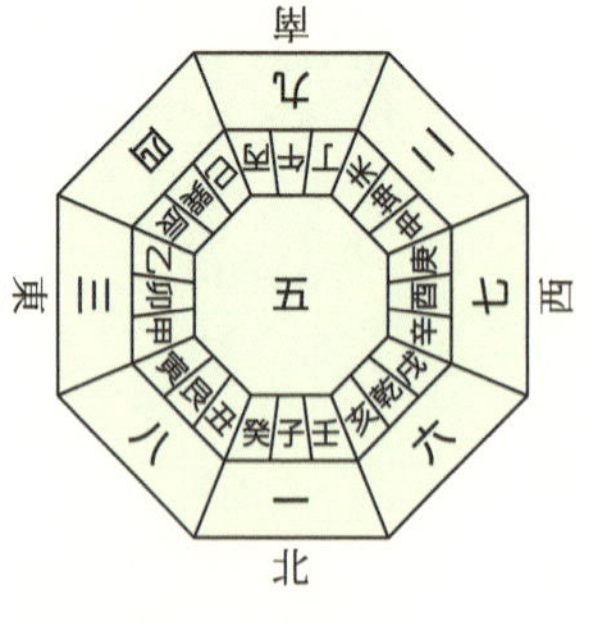

第1章

自分の運気を見てみよう

九星気学の基本を知ろう

運気とは

日本人は昔から、自然の働きや癒しの雰囲気のようなものを「気」と呼んでいます。「気」は目には見えませんが、地球全体を覆い、自然に宿り、人間生活の中で大いに生かされているのです。その生きている根本の働き、命の鼓動を感じさせる根元こそが「気」といえるでしょう。

宇宙に満ちている「気」は、一定のリズムで循環しています。この宇宙の法則にしたがい、さまざまな現象として現れる人の運勢を「運気」といいます。

「気」の存在や感覚を大切にして生活すると、心身が鋭敏になり、人によってはいろいろな事柄が自分に合っているかどうかの判断も的確にできるようになります。「気」の波動を知り、その流れを読むことが、運気の上昇につながるのです。

気学の発生

気学の母体は易にあります。その易は、伝説的な中国最古の三皇の一人である伏義《ふっき》によって始まり、周の文王《ぶんおう》によって成立したと伝えられています。

今から五千年以前の古代中国に、伏義・神農《しんのう》という黄帝《こうてい》と称される帝がいました。黄帝とは、王を尊く価値ある存在として賞賛する称号で、人民に幸せをもたらす不変的な人物を指します。

この時代、中国第二の大河である黄河の流域に文明が発達し、耕作され、盛んに開墾が行われていました。黄帝は、黄河の大洪水を防ぐため治水工事に着手し、その最中に水中から、不思議な姿の馬の遺骸が現れたのです。顔は龍のようで、身体が馬に似ており、これを龍馬《りゅうま》と称しました。

龍馬の背中には、渦を巻いたような旋毛が生えて、いくつかの斑紋をつくっていました。そして、その数を数えてみると、どうも不思議な数をあらわしていたのです。

偉大なる伏羲・神農は、この斑紋から易の原理である数の配列を霊知と霊感の指導によって読み取りました。これは「河図《かと》」と呼ばれ、先天定位の元になったといわれています。

神話上の黄帝であった伏羲・神農から時代は下り、今から三千年前、易の成立にかかわったとされるのが、実在の黄帝である周朝の始祖・文王です。

文王は一時、殷《いん》の暴君・紂王《ちゅうおう》によって羑里《ゆうり》に幽閉されました。その獄中で周易を書き、後に万民に示したといわれています。

この易学と、古代中国思想の土台となっている陰陽説が結合して、時を知る占いとして体系化されたものが九星気学です。

しかし、日本では昔、気学とはいわれていませんでした。明治、大正から昭和の初期に至るまで、ほとんど「九星術」と称され、相性を見たり、方位や家相を見たり、年回りの運気を見たりしたのです。

文王が幽閉されていた羑里城跡地（中国河南省安陽市）

殷墟博物館（中国河南省安陽市）

河図と洛書

「河図」は、古代中国で黄河から現れた龍馬の背の旋毛によって、易の原理である数と配置を読み取ったものです。龍馬には、尾の方に「一の奇数」、頭の方に「二の偶数」、左横に「三の奇数」、右横に「四の偶数」が現れていました。

これが奇数・偶数の発見につながり、この数と配置から、北の子の「一」に始まり、南の午の方に偶数の「二」、東の卯の方に奇数の「三」、西の酉の方に偶数の「四」を配した河図の図になったのです。

さらに、この図に、北に「六の偶数」、東に「八の偶数」、南に「七の奇数」、西に「九の奇数」が配置され、中央に「五の奇数」と「十の偶数」がそれぞれ配置されました。したがって、「河図」の図には、一から十までの数が配置されているということになります。

「河図」が発生してから八百年後に発見されたのが、いわゆる「洛書《らくしょ》」です。

夏《か》の時代、黄河の支流である洛川の治水工事の際に、この川の水底から亀のような姿の死骸、後に神亀《しんき》と称する遺骸が現れました。

この神亀の頭の方には耳が付き、甲羅には亀甲紋のかわりにイボ状の丸い玉のようなものが凹凸にふくれ上がり、その表面には縦に黒い線らしきものが浮き上がって見えました。

イボ状のものは上部に九点、下部に一点、中央に五点、左に三点、右に七点、肩に二点と四点、足に六点と八点あり、夏の禹王《うおう》は、その数と配置から天の啓示を得て、八卦の象を読み取ったのです。

これが、北に「一」を配し、東北に「八」、東に「三」、東南に「四」、南に「九」、西南に「二」、西に「七」、西北に「六」、中央に「五」と、それぞれ一から九までの九つの数を配した図となりました。

これを「洛書」と呼び、後天定位の元になったといわれています。

●羑里城跡地にある河図と洛書の石碑（中国河南省安陽市）

陰と陽の発生

陰陽は、古代中国に生まれた思想で、すべての事象は陰と陽からなり、それらが補い合い、調和し合って万物を生成し、発展していくというものです。

奇数を陽とし、偶数を陰としたことが陰と陽の始まりで、陰陽の調和、不調和である吉凶の始まりでもあります。

たとえば、地球から見ると太陽は陽性で昼、月は陰性で夜であり、陰陽の調和によって自然の活動が止むことなく、恵みを与えてくれるのです。

また、男と女、表と裏、夏と冬、朝と夜、明と暗、静と動、強と弱、積極と消極などのように、すべては相反する二つに分けられ、プラスとマイナスが均衡することでバランスがとれているといえます。

このように陰陽は、占いの原理であるだけでなく、どこにでも存在します。陰陽が人々の生活に影響し、いかに大切かということがわかるでしょう。

五行の発生

古代中国では、天地に存在するすべてのものを、木《もく》・火《か》・土《ど》・金《ごん》・水《すい》の五つの要素に分けて、これを「五行」または「五気」と称しました。

これは、宇宙を支配する自然の力はもちろん、目には見えない「気体」も含めて、万物は木・火・土・金・水のいずれかの要素に当てはまり、また、構成されているという考え方です。

河図の図では、北に水性、南に火性、東に木性、西に金性を配しました。これに東洋の基本数である一から九の数を当てはめ、一・六の数は北にあって水性、三・八の数は東にあって木性、二・七の数は南にあって火性、四・九の数は西にあって金性をあらわし、中央は五・十の数で土性をあらわしたのです。

こうして、五行は陰陽とともに、気学の母体である「易学」の吉凶を判断する根本原理となり、古代中国の人々の生活に大きく影響しました。

五行それぞれの要素は、次のような意味がありまず。この五行に、各九星の性質を割り当てたことから、一白水星などのような呼び方になりました。

「木」…季節では春をあらわし、すべてのものを成長させる「温かい気」を意味します。九星では、三碧・四緑が「木」に属します。

「火」…季節では夏をあらわし、万物を旺盛にする「暑い気」を意味します。九星では、九紫のみが「火」に属します。

「土」…四季の土用をあらわし、「湿った気」を意味しています。九星では、二黒・五黄・八白が「土」に属します。

「金」…季節では秋をあらわし、植物を結実させる「涼しい気」を意味します。九星では、六白・七赤が「金」に属します。

「水」…季節では冬をあらわし、万物が春を待つ「寒い気」を意味しています。九星では、一白のみが「水」に属します。

先天定位盤と後天定位盤

気学では、それぞれの九星がどの方位にあるかを知るために、さまざまな方位盤を使います。その中で基本となるのが、先天定位盤と後天定位盤です。

先天定位盤は、古代中国の河図が元になったとされ、八卦の順位にしたがって配置されています。つまり、南から東南、東、東北へ進み、西南にとんで西、西北へと進んで北で終わります。先天定位盤の中央には、五黄はありません。

一方、後天定位盤は、一白水星から九紫火星まで、九星の配置を示した方位盤です。これは、五黄土星を中心に、一白水星は北、二黒土星は西南、三碧木星は東、四緑木星は東南、六白金星は西北、七赤金星は西、八白土星は東北、九紫火星は南になっています。九星は、方位盤の中央からはじまり、西北、西、東北、南、北、西南、東、東南と移動して、再び中央に戻り、これを繰り返します。

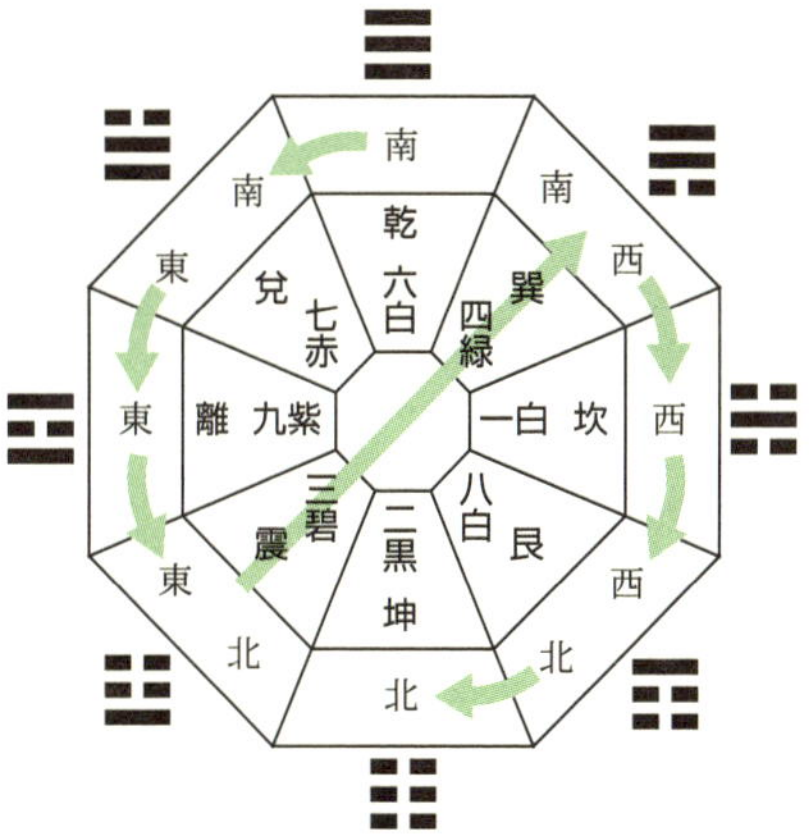

先天定位盤

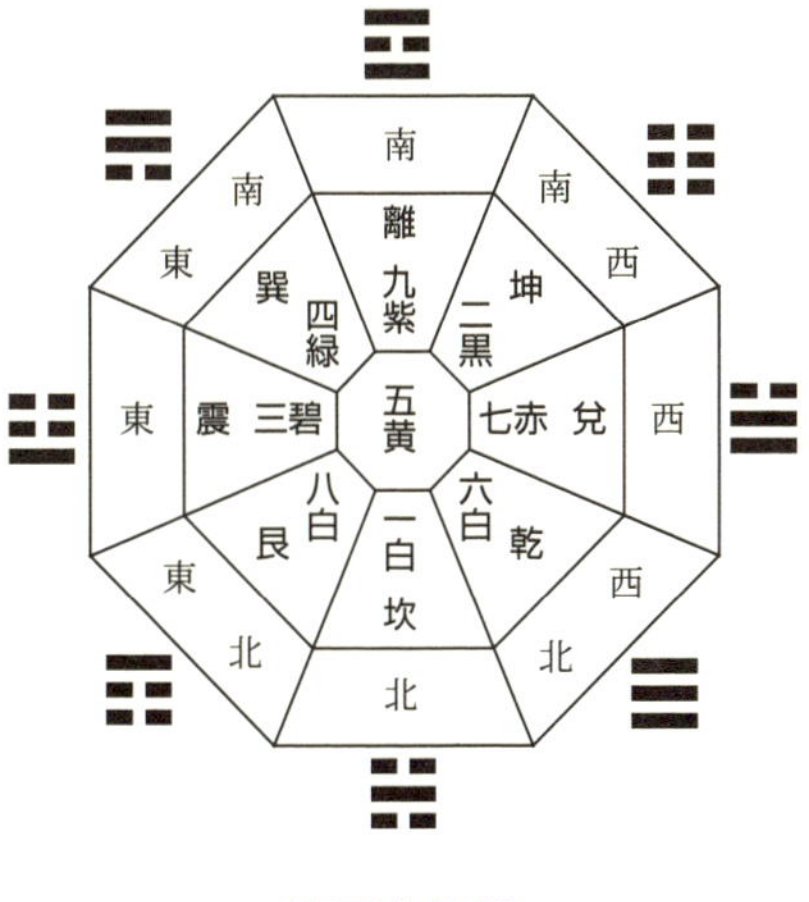

後天定位盤

運気の動き方を知ろう

九星の種類

一白水星（いっぱくすいせい）
二黒土星（じこくどせい）
三碧木星（さんぺきもくせい）
四緑木星（しろくもくせい）
五黄土星（ごおうどせい）
六白金星（ろっぱくきんせい）
七赤金星（しちせききんせい）
八白土星（はっぱくどせい）
九紫火星（きゅうしかせい）

宇宙のエネルギー「気」は一定の法則にしたがって循環し、上の表の九つに分類されます。

九星気学では、人はこの九星のうちのいずれかの「気」を吸い込みながら、この世に誕生すると考えられ、九星は生まれた年によって決まります。これを「本命星」といい、生涯変わることはありません。ただし、その年の立春前までに生まれた人は、前年の九星になりますので注意してください。

九星は、方位盤の中をめぐり、その動きに合わせて運気も変化しています。九星気学では、この九星のめぐり方によって毎年、毎月、毎日の運勢を知ったり、方位の吉凶を知るのです。

九星の位置は毎年変わり、九年サイクルで繰り返します。運気は、この九年を規則的に動くので、動き方を知ることによって、どの年に一番運気がよいかを判断できるようになります。このように運気の流れが分かれば、自然と運を味方につけた行動がとれるようになるでしょう。

運気の移動の仕方

運は、左の図の1から9の順に動き、また1に戻ります。1から9へとめぐるそれぞれの場所を「宮」といい、どの「宮」にいるかで、運気の良し悪しが決まります。つまり、自分や家族の九星の場所さえ分かれば、その年の「運勢」、来年、再来年の「運勢」までもが分かるのです。

宮の名前は、中宮など（　）内の名が使われることが多いですが、調整宮など運気を表した別名もあります。

1 調整《ちょうせい》宮（中宮《ちゅうぐう》）←
物事を冷静・的確に判断し調整すべきとき

2 強盛《きょうせい》宮（乾宮《けんきゅう》）←
勇気と信念でチャンスに恵まれるとき

3 嬉楽《きらく》宮（兌宮《だきゅう》）←
恵まれた人脈を強化し足もとを固めるとき

4 改革《かいかく》宮（艮宮《ごんきゅう》）←
転ばぬ先の杖。無駄と無理に注意のとき

5 評価《ひょうか》宮（離宮《りきゅう》）←
善は急げ。努力の花が咲く。後半は不安定なとき

6 停滞《ていたい》宮（坎宮《かんきゅう》）←
不測の事態多く、俗にいうツイてない年のとき

7 整備《せいび》宮（坤宮《こんきゅう》）←
基本路線を守り、信用第一に動くべきとき

8 躍動《やくどう》宮（震宮《しんきゅう》）←
夢に向かって積極的に努力して希望が叶うとき

9 福徳《ふくとく》宮（巽宮《そんきゅう》）←
誠意と熱心さで万事が好調なとき

そして、また中央の1に戻ります。運気の流れは、この順番にしたがって9年サイクルで繰り返します。

自分の星を知ろう

自分の運気を見てみましょう。つぎの三つのステップで、大まかな運気の流れが分かります。

①生年月日から、九星早見表で自分の九星を調べる
②その九星の位置をその年の暦で確かめる
③17ページを参照して、運勢を判断する

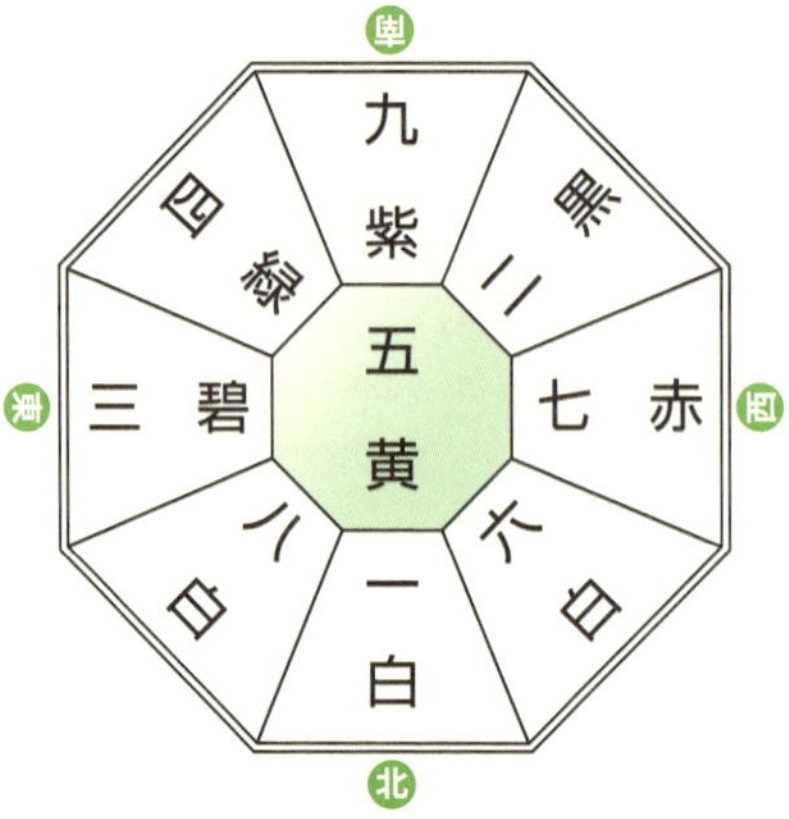

例：五黄中宮年の運勢盤

方位盤上で、自分がどの位置にいて、今年だけでなく、来年や再来年はどういう運気になるのか、理解できたでしょう。この運気の流れがわかると、日常生活でも運気と上手に付き合っていけるのです。

たとえば、引越しや開店などを計画する際、自分の九星が南の評価宮にあるとしたら、その年は一見調子がよくても、次の年には北の停滞宮に入ります。つまり、引越しや開店してから、すぐにうまくいかない年に入るので、もう少し延ばせるなら、その時期を延ばしたほうがよいことになります。

反対に、東の躍動宮ならば運気がよく、さらに次の年は上昇する運気にあるので、すぐにでも始めたほうがよいという判断になります。

このように、運気のよいときには、何事も強気で進めたほうがうまくいき、逆に運気が低迷している時期には安全策をとることができます。運気の流れを知るだけで、自分の行動の指針となり、自然と幸運を引き寄せることができるのです。

水星 一白	土星 二黒	木星 三碧	木星 四緑	土星 五黄	金星 六白	金星 七赤	土星 八白	火星 九紫
2026年 平成38年生 丙午	2025年 平成37年生 乙巳	2024年 平成36年生 甲辰	2023年 平成35年生 癸卯	2022年 平成34年生 壬寅	2021年 平成33年生 辛丑	2020年 平成32年生 庚子	2019年 平成31年生 己亥	2018年 平成30年生 戊戌
2017年 平成29年生 丁酉	2016年 平成28年生 丙申	2015年 平成27年生 乙未	2014年 平成26年生 甲午	2013年 平成25年生 癸巳	2012年 平成24年生 壬辰	2011年 平成23年生 辛卯	2010年 平成22年生 庚寅	2009年 平成21年生 己丑
2008年 平成20年生 戊子	2007年 平成19年生 丁亥	2006年 平成18年生 丙戌	2005年 平成17年生 乙酉	2004年 平成16年生 甲申	2003年 平成15年生 癸未	2002年 平成14年生 壬午	2001年 平成13年生 辛巳	2000年 平成12年生 庚辰
1999年 平成11年生 己卯	1998年 平成10年生 戊寅	1997年 平成９年生 丁丑	1996年 平成８年生 丙子	1995年 平成７年生 乙亥	1994年 平成６年生 甲戌	1993年 平成５年生 癸酉	1992年 平成４年生 壬申	1991年 平成３年生 辛未
1990年 平成２年生 庚午	1989年 平成元年生 己巳	1988年 昭和63年生 戊辰	1987年 昭和62年生 丁卯	1986年 昭和61年生 丙寅	1985年 昭和60年生 乙丑	1984年 昭和59年生 甲子	1983年 昭和58年生 癸亥	1982年 昭和57年生 壬戌
1981年 昭和56年生 辛酉	1980年 昭和55年生 庚申	1979年 昭和54年生 己未	1978年 昭和53年生 戊午	1977年 昭和52年生 丁巳	1976年 昭和51年生 丙辰	1975年 昭和50年生 乙卯	1974年 昭和49年生 甲寅	1973年 昭和48年生 癸丑
1972年 昭和47年生 壬子	1971年 昭和46年生 辛亥	1970年 昭和45年生 庚戌	1969年 昭和44年生 己酉	1968年 昭和43年生 戊申	1967年 昭和42年生 丁未	1966年 昭和41年生 丙午	1965年 昭和40年生 乙巳	1964年 昭和39年生 甲辰
1963年 昭和38年生 癸卯	1962年 昭和37年生 壬寅	1961年 昭和36年生 辛丑	1960年 昭和35年生 庚子	1959年 昭和34年生 己亥	1958年 昭和33年生 戊戌	1957年 昭和32年生 丁酉	1956年 昭和31年生 丙申	1955年 昭和30年生 乙未
1954年 昭和29年生 甲午	1953年 昭和28年生 癸巳	1952年 昭和27年生 壬辰	1951年 昭和26年生 辛卯	1950年 昭和25年生 庚寅	1949年 昭和24年生 己丑	1948年 昭和23年生 戊子	1947年 昭和22年生 丁亥	1946年 昭和21年生 丙戌
1945年 昭和20年生 乙酉	1944年 昭和19年生 甲申	1943年 昭和18年生 癸未	1942年 昭和17年生 壬午	1941年 昭和16年生 辛巳	1940年 昭和15年生 庚辰	1939年 昭和14年生 己卯	1938年 昭和13年生 戊寅	1937年 昭和12年生 丁丑
1936年 昭和11年生 丙子	1935年 昭和10年生 乙亥	1934年 昭和９年生 甲戌	1933年 昭和８年生 癸酉	1932年 昭和７年生 壬申	1931年 昭和６年生 辛未	1930年 昭和５年生 庚午	1929年 昭和４年生 己巳	1928年 昭和３年生 戊辰
1927年 昭和２年生 丁卯	1926年 昭和元年生 丙寅	1925年 大正14年生 乙丑	1924年 大正13年生 甲子	1923年 大正12年生 癸亥	1922年 大正11年生 壬戌	1921年 大正10年生 辛酉	1920年 大正９年生 庚申	1919年 大正８年生 己未

九星早見表

＊立春以前に誕生の人は前年の九星と干支で見てください。

運気の見方を知ろう

後天定位盤と重なる星を読む

九星気学では、年・月・日、それぞれの運勢を占う際に「同会法」を用います。これは、自分の本命星の位置と重なる後天定位盤の星によって判断する方法です。

ここでは、年の運勢を知る方法を説明します。年運の場合、基本となる後天定位盤のうえに、運勢を知りたい年の年盤を重ね、それぞれの九星がどの位置に運行しているかを見て判断していきます。同会の判断は、同会する宮の象位に影響されます。

では、実際に四緑木星の年を例にみてみましょう。本命星が二黒土星の場合、四緑中宮の年には二黒は東に運行しています。これは、後天定位盤では三碧木星の定座の震宮となります。このことから、四緑中宮の年には、二黒土星生まれの人は震宮象意の影響を受けると判断して、「震宮同会」といいます。

また、同じように、一白水星生まれの人は、本命星が西南に運行しています。後天定位盤では、西南は二黒土星の定座の坤宮ですから、「坤宮同会」となり、坤宮象意の影響を受けることが分かります。

これを同会の原則的判断に照らし合わせて、その年の運勢の傾向を判断します。しかし、あくまで原則で、象意に影響される事柄すべてが起きるわけではなく、この中のいくつかが現象として現れます。

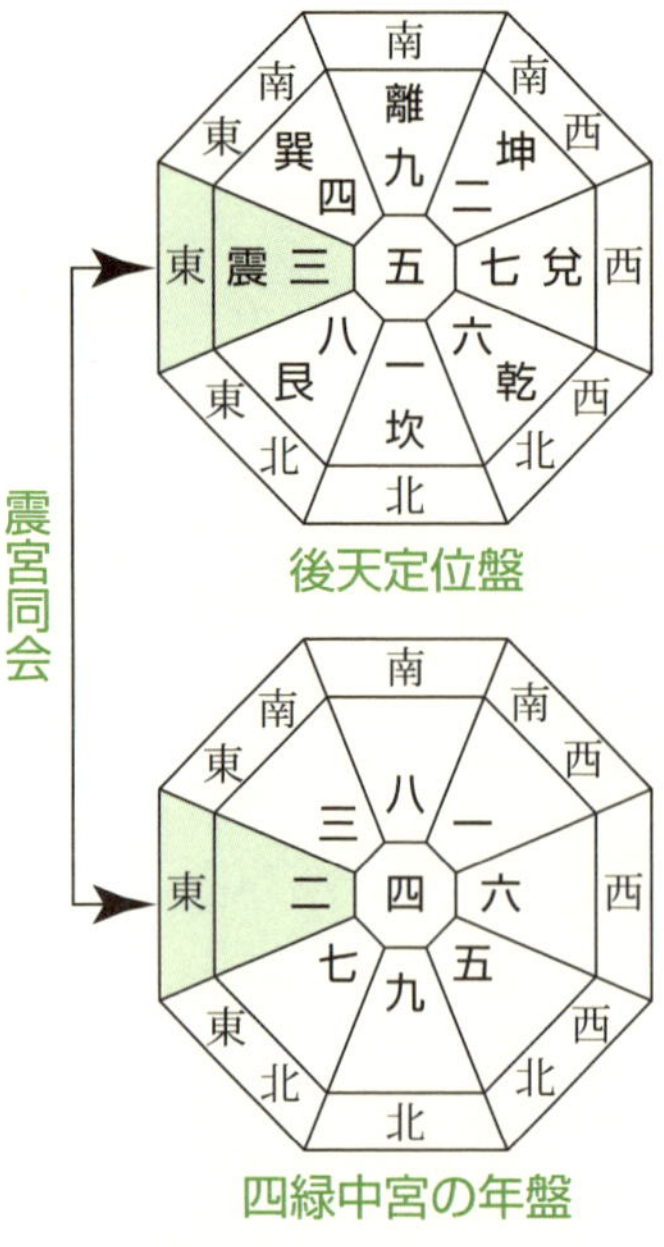

後天定位盤

四緑中宮の年盤

自分の星が一白（北）にある場合（坎宮同会）

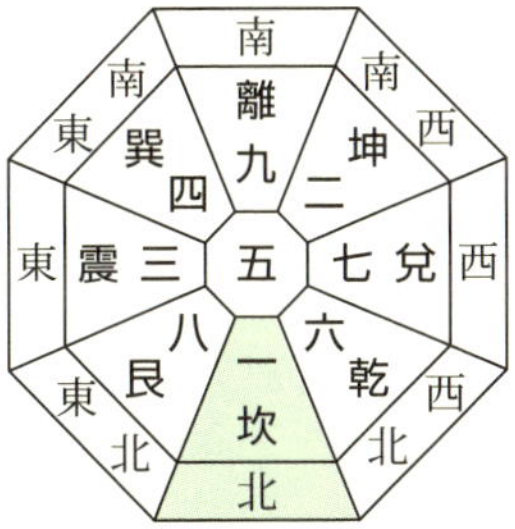

後天定位盤

自分の本命星が北方位に位置したとき、坎《かん》宮の象意が現れます。

坎は、季節でいえば冬にあたり、草木の成長が止まり春を持つように、周囲の状況から抑圧され、悩み苦しみの多い停滞宮とされます。また、象意には、苦労、貧乏、困窮、病、災禍、欠乏、失敗、敗退、盗難などの意味があります。

したがって、坎宮同会の年回りは凶運年といえます。昔からよく男性の大厄といわれる数え年四十二歳も、女性の大厄の数え年三十三歳も、この坎宮同会の年にあたります。

このように、九年サイクルを通して最低の衰運年である坎宮同会の年には、自分を過信して失敗したり、苦い経験をさせられたり、今までの無理が重なって病気になったりする傾向があります。

経済的にも不景気な状態になるときで、財産が減少したり、借金が増え返済に困ったり、意外な出費が生じたりします。事業や仕事も滞る恐れがありますから、最も警戒しなければなりません。

とくに凶方位に移転した人などは、凶現象が強く現れますから注意してください。

一方、坎宮には研究、修業、知恵といった象意もあり、来るべき時期を待って成果を世に問うという意味も持ってます。つまり、将来に向けた体験期であり、こうした苦労を経験することで、人間が一回り大きく成長するときといえるでしょう。

自分の星が二黒（西南）にある場合（坤宮同会）

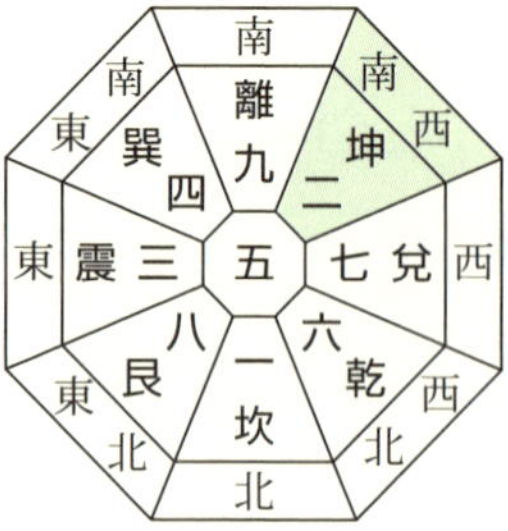

後天定位盤

自分の本命星が西南位に位置したとき、坤《こん》宮の象意が現れます。

坤宮は整備宮とされ、開運していくための準備の年です。春から夏までの間は前年の停滞宮の影響を受けますが、その後は次第に運気が好転して整備運となり、翌年の躍動宮に続いていきます。

したがって、今まで苦境にあった人は、この年に気持ちを入れ替え、再出発のための心の準備や根回しをしなければなりません。将来に向けて忍耐努力すべき時期で、自分だけでなく周囲の人も共によくなり、喜びを分かち合えるよう新しくスタートするときといえます。

しかし、本命星が二黒土星・五黄土星・八白土星の人は、整備宮に入ったといっても安心はできません。まだ停滞宮の影響を受けていて、かえって問題が起きたり、苦労が増える傾向があります。

停滞宮にあったときに発病した人は、この整備宮にある一年間、病気に悩まされることが多くありますから注意しましょう。

また、坤宮同会のときは、短気は禁物です。仕事への意欲が湧いてくる時期ですが、功を焦ってはいけません。「坤」は大地を象徴し、すべてのものを受け入れ生育する「母なる大地」を意味します。ですから、黙々と大地を耕して種をまき、育て、花を咲かせる準備をするように、地味な努力を重ねてください。それが、やがて開運に結びつくのです。

自分の星が三碧（東）にある場合（震宮同会）

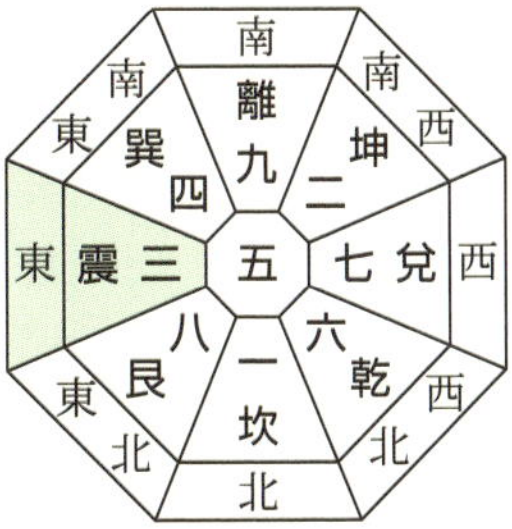

後天定位盤

自分の本命星が東方位に位置したとき、震《しん》宮の象意が現れます。

震は、季節では春、一日でいえば朝を示し、新しい芽が育っていくとき、太陽が東から昇り夜明けを告げるときを意味します。

したがって、震宮は躍動宮とされ、物事が動き始める年。人も自然の運気に影響され、才能を発揮して、自らの希望や目標に向って前進する時期です。

今までコツコツと地道に努力してきたことが周囲に認められ、信用が高まり、前途に明るい光が射してくるときといえます。

また、以前から考えていた計画を実行に移したり、新しい方向に転換したりする時期でもあります。見込みを立てたことや信念を持って決意したことは、積極的に進めましょう。

このように開運の扉が開かれると同時に、震宮には、隠れていたことが表面化する象意があります。たとえば、昔の悪事が露見したり、潜伏していた病が出てくるような場合です。

しかし、決して悪い現象ばかりではありません。長年培ってきた実力が認められて報われたり、人知れず研鑽を積んできた成果が世に知られて、花を咲かせることもあります。

つまり、よい種はよい芽を出し、悪い種は悪い芽を出すように、今までのよいことや悪いことがこの時期に出てくるのです。

自分の星が四緑（東南）にある場合（巽宮同会）

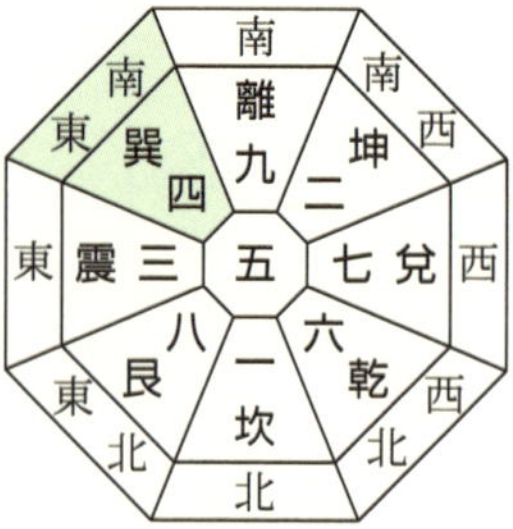

後天定位盤

自分の本命星が東南位に位置したとき、巽《そん》宮の象意が現れます。

巽は、季節では晩春から初夏にかけてのころ、一日では東に昇った太陽が次第に強くなり、陽が南に向かうときです。また、巽には、「調《ととの》う」という意味があり、草木が成長して枝葉をととのえて美しい花を咲かせるように、人は心身が充実し、物事がととのい、運気が開くことを示しています。

つまり、大変よい年回りで、巽宮は福徳宮とされます。前年の躍動宮で努力した人は、この福徳宮になって成果をあげ、大きく一歩前進できるでしょう。努力した分だけ信用がつき、躍進の好機となるときでもあります。

したがって、事業の発展、研究の完成、目標の達成など、それぞれの立場で自分の希望や計画の実現に向けて、積極的に行動してください。

とくに適齢期の人にとっては、男女を問わず恋愛や結婚のチャンスに恵まれますから、この年は縁談の機会を逃さないようにしましょう。

「風」を象徴する巽は、金銭の収入や喜び事が生じることを示す反面、「風はいずこより来たり、いずこに去るを知らず」というように、安定性のない状況をも意味します。好運期だからといって無謀な行動をとると、つねに不安と迷いがともない、金銭の出入りが激しい状態となり、収支のバランスを失いかねませんから注意しましょう。

自分の星が五黄（中央）にある場合（中宮同会）

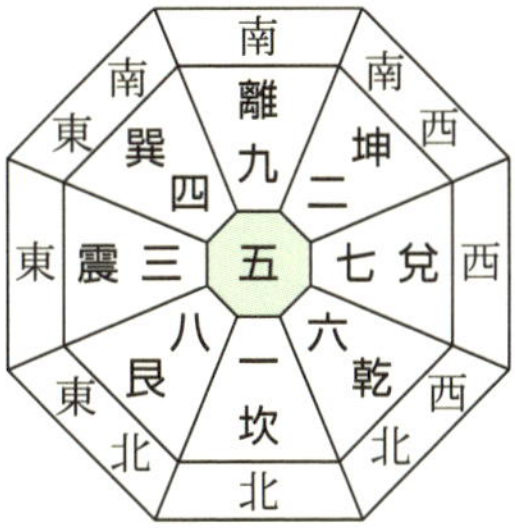

後天定位盤

自分の本命星が中央に位置したとき、中宮《ちゅうぐう》の象意が現れます。

九星の中で最も強い星である五黄土星の定座が中宮で、あたかも八方を見下ろす山の頂上にあるようです。花にたとえるなら満開の状態といえます。しかし、登りつめた頂上は降りなければならず、満開の花もやがてしぼんでしまいます。

したがって、変化を前にしたこの年回りのときは、何事も自重して前進することは控え、継続する事であっても慎重に行動してください。

これまで躍動宮、福徳宮と好調に物事が進展してくると、さらに欲を出したくなりますが、中宮は調整宮とされますから、あわてずに冷静に過去をふり返りましょう。前途をよく確かめて、根回しをしてから前進すべきときです。

新しい計画の実行、独立開業や新規の開店、支店の新設をはじめ、家屋の新築、増築、リフォームなども控えて、もう少し社会情勢の変化を見極めてから行動したほうが賢明です。

また、この中宮同会の年は、独断になりやすく、配慮や注意を怠りがちになります。つねに反省することを忘れないようにしましょう。

さらに、過去に方位における五黄殺の大凶方を犯した人や、住宅の中央に凶相を持つ家に住む人は、思いがけない別離があったりするので、とくにこの年を警戒しなければなりません。

自分の星が六白（西北）にある場合（乾宮同会）

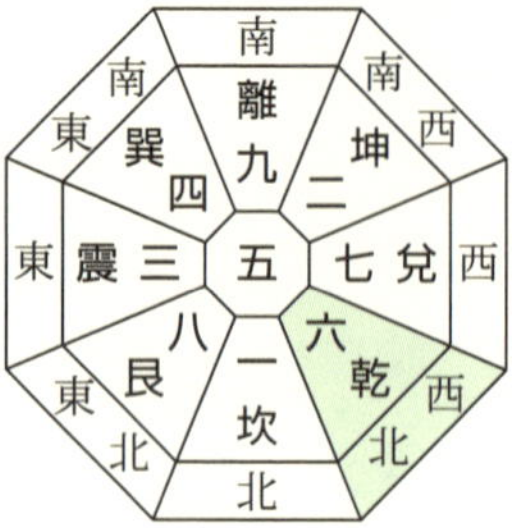

後天定位盤

自分の本命星が西北位に位置したとき、乾《けん》宮の象意が現れます。

乾は、秋も深まる季節にあたり、豊かな収穫の時期をあらわしています。冬を前にして、寒さに対する準備を行う多忙なときでもあり、将来のために活動する気持ちになるときです。

したがって、強盛宮とされる乾宮の年は、前年の調整宮のときに考えた計画や調整したこと、用意したことなどを行う年といえます。

しかし、目先の欲にかられてはいけません。実行してよいのは、自分の力量をわきまえた計画、将来の設計、子孫の幸福を願う計画、会社の発展のための事業計画、自分の晩年の安泰を願う計画などです。将来が安定して発展していくための将来設計としての決断や行動をする年と考えましょう。

ですから、私利私欲のための前進、見通しのない計画、リスクの大きい仕事や荷の重い仕事などに着手することは、なるべく避けることです。

この乾宮同会の年運は、盛運期の終わりで次第に衰運期に向かおうとする時期ともいえ、乾の象意は、頑固、独断、自信過剰なども意味します。前年に好運に恵まれた人は、事業の拡張、家屋の増築などを計画したり、目上の引き立てや地位が昇進したりしますが、くれぐれも自重して独断専行を慎んでください。有識者に相談し、援助を受けて行えば、希望は達成しやすくなります。

自分の星が七赤（西）にある場合（兌宮同会）

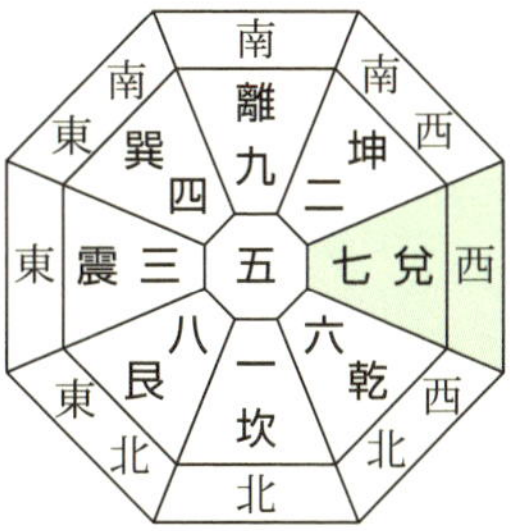

後天定位盤

自分の本命星が西方位に位置したとき、兌《だ》宮の象意が現れます。

兌は、一日でいえば太陽が西に沈む夕暮れどきで、一抹のさびしさをあらわすとともに、仕事を終えて家路を急ぐ充実感や喜びも示しています。このため兌宮は嬉楽宮とされますが、前年よりやや運気が衰えをみせる年回りといえるでしょう。

この嬉楽宮に入ると、前年の強盛宮で計画したことを実行したり、準備をしたことに先の見通しがついて、このまま進んでよいかどうか、はっきりと分ってきます。

したがって、この兌宮に本命星が位置しているときに前進するか後退するか、もう少し検討や再調整をするかを見極めることが必要で、大胆な行動に移ることは控えてください。

しかし、今まで順調に事が進んで、すでに実現や発展の見通しがついている場合には、この年に成果を納めることができます。

また、兌は「収支」などを意味します。お金に縁がある反面、金銭の出入りが多くなり、収支のバランスがくずれて赤字になったり、借金が増えたり、意外な出費があったりします。とくに金銭の浪費は慎んでください。

未婚の人は、恋愛や結婚の話が多い年回りです。どちらかというと、見合い結婚より恋愛結婚のほうが、うまくいく場合が多いでしょう。

自分の星が八白（東北）にある場合（艮宮同会）

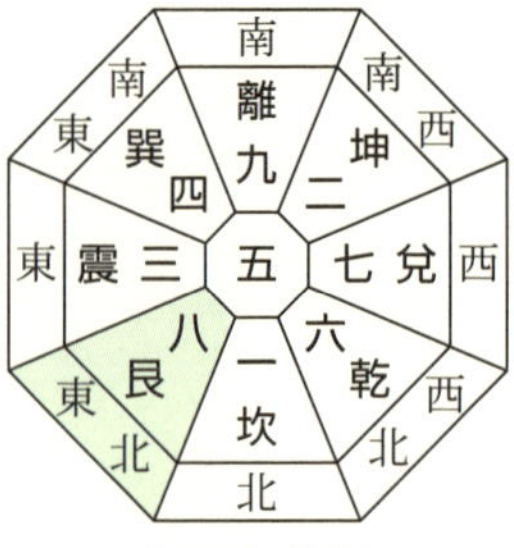

後天定位盤

自分の本命星が東北位に位置したとき、艮《ごん》宮の象意が現れます。

艮は、季節では冬から春に向かう時期で、気候の変化とともに植物にも変化があらわれます。したがって、艮宮は改革宮とされ、運勢上の変化、変動のある年です。これまで順調にきた人には悪い変化年となり、逆に、不運続きだった人には、起死回生のよい変化年を迎えたといえるでしょう。

嬉楽宮で先の見通しもつき、これなら大体うまくいくだろうと安心すると、人はあれもしたい、これもしたいと欲が出ます。そして、これくらいの事であれば、着手してもよいだろうと思いがちです。

しかし、このときに「鬼門」とされる艮宮に本命星が回ってきているのですから、十分に注意してください。新しい方向に進むことや積極的に行動することは、見合わせましょう。

仕事が順調なため会社や店を拡張したり、家業や会社を他の者に任せて、自分は新しい事業に奔走するようなことは、最も避けなければなりません。油断すれば、大きな落し穴にはまることになります。

ただし、苦労が続いてきた人は、この改革宮に入って急に活気づき、思わぬ機会を得て開運することもありますから、チャンスを逃さないように。

この年は、仕事上では、事業の後継者のことを考えたり、家庭では相続人を決めたり、物事を整理をする時期ともいえます。

自分の星が九紫（南）にある場合（離宮同会）

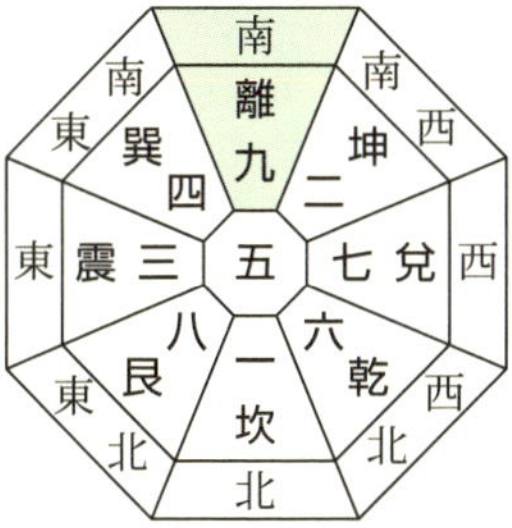

後天定位盤

自分の本命星が南方位に位置したとき、離《り》宮の象意が現れます。

離は「火」を象徴し、火は日で、太陽でもあり、季節では夏、一日のうちでは真昼をあらわし、離宮は評価宮とされます。

したがって、この評価宮に本命星が回ってくると、陽は昇れば沈むように、運気は衰運に向かいつつあり、吉凶が相半ばする年です。外見は勢いがあるように見えても、いろいろと内面的に苦労の多い年回りといえるでしょう。

ですから、改革宮において隠忍自重したからといって、この評価宮にきて何もかも一度に成し遂げようとすれば、「労多くして功なし」ということになりかねません。自分の力量や状況にあった行動であれば成就しますが、高望みして分不相応のことをすると、後になって失敗の憂き目を見ることになる恐れがあります。これまで良好であったとしても、決して安心はできないのです。

この年は、大事も小事もすべて慎重に、何事も手固く進めてください。ただし、チャンスがめぐってきたときは、迅速な行動が成果を上げます。「先んずれば人を制す」というように、早めに対処するほうが効果的でしょう。

また、離は、離別や分散を意味し、移動や転勤など、人物の離合集散の時期です。「火」は光明の象意で、物事が明白になることも示しています。

その他の運気に与える要素

自分の星がある宮に吉神がある場合

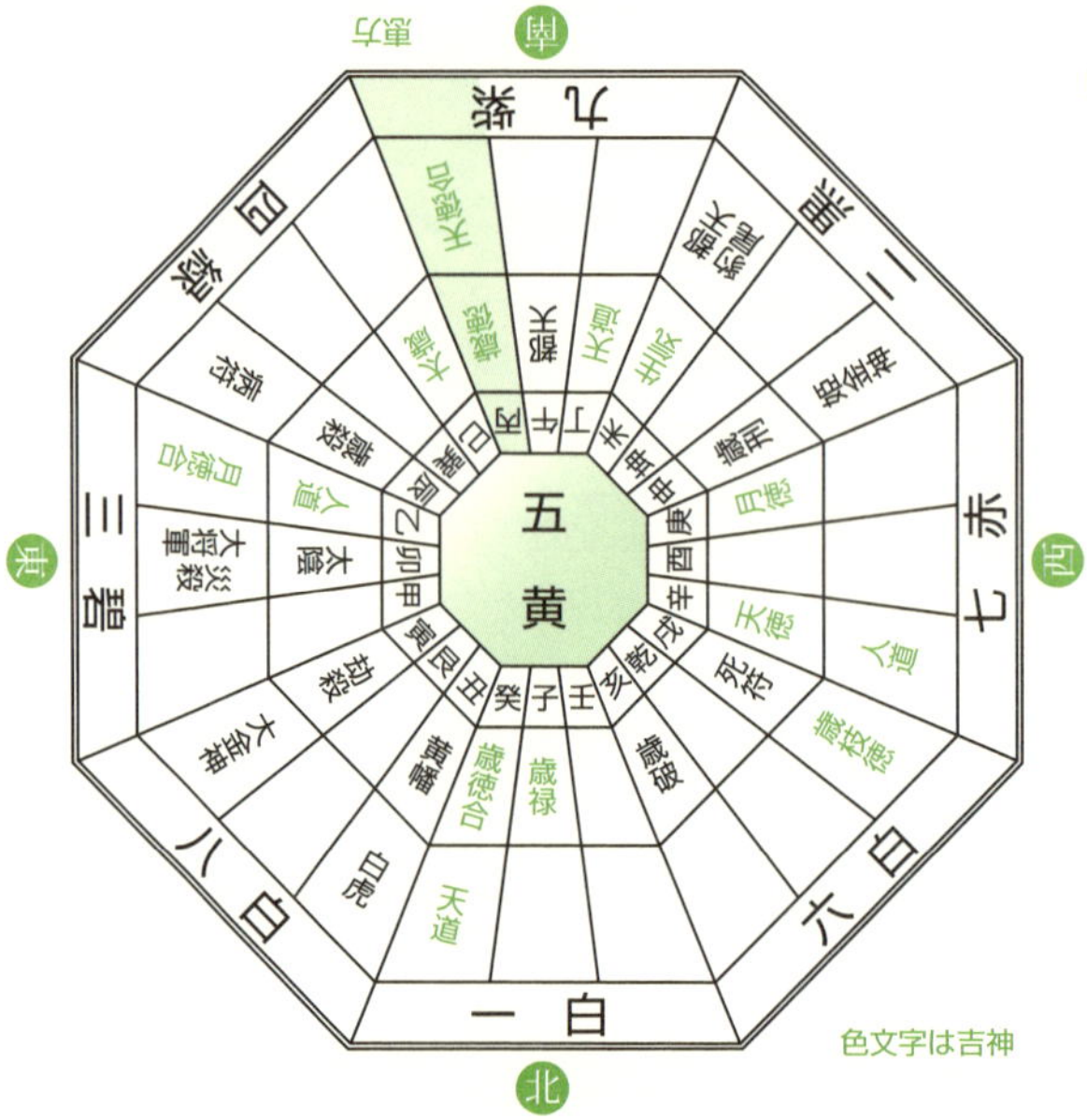

例：五黄中宮・癸巳年方位吉凶図

家の新築や移転、開店や開業、旅行、婚礼など、何事を行うにも、まずその年や月の吉神がどの方位についているのか、調べることが大切です。

吉神として、歳徳神、天道、天徳、月徳、天徳合、月徳合などの方位があり、これらの吉方位に向かって行うことは吉とされています。

自分の本命星が入っている年や月に吉神があるときは吉運で、吉作用が働きます。しかし、年や月の暗剣殺、歳破、月破、五黄殺がつくと、「焼け石に水」のように吉作用がはね返されてしまいますから、いくらたくさんの吉神があっても、これを吉方として用いることはできません。

したがって、吉神があれば、どのような場合でも凶作用を抑えられるとはいえませんが、本命的殺くらいであれば、吉神のあるときには凶作用は多少なりとも緩和されます。

なお、吉神の位置は毎年変わりますので、その年の方位吉凶図で確認してください。

吉神の種類

●歳徳神（としとくじん）

歳徳神のある方位は、その一年の大吉方で、家屋の建築、婚礼、移転、旅行、商取引をはじめ、何事をするにも吉方位とされています。

●天道（てんどう）

天地自然の法則にしたがった吉方で、禍いを福に転じる作用をします。表面から現象化し、前途が明るくなる波動作用があります。

●天徳（てんとく）

火の神の陽神で、凶を吉に変える作用をします。表面から活動し、陰陽が調和する作用があります。

●月徳（げっとく）

月の神で、陰神です。禍いを抑えて吉に導く作用があります。生み出す力や、生まれつき人を敬服させる力を持っています。

●天徳合（てんとくごう）

目上や年長者の引き立てを受ける福禄を示す吉神です。陰から吉作用を及ぼす波動があります。

●月徳合（げっとくごう）

天徳合と同じように、凶勢を抑えます。部下や同僚、年下の支持・援助を得る福禄を示す吉神です。

●月空（げっくう）

「空」と表示され、吉神です。名声や社会に対するアピールを司ります。吉作用は、月徳合より小さく、月の神なので年盤にはありません。

●生気（せいき）

「生」と表示され、吉神です。失った気を取り戻す作用があります。月の神なので年盤にはありません。

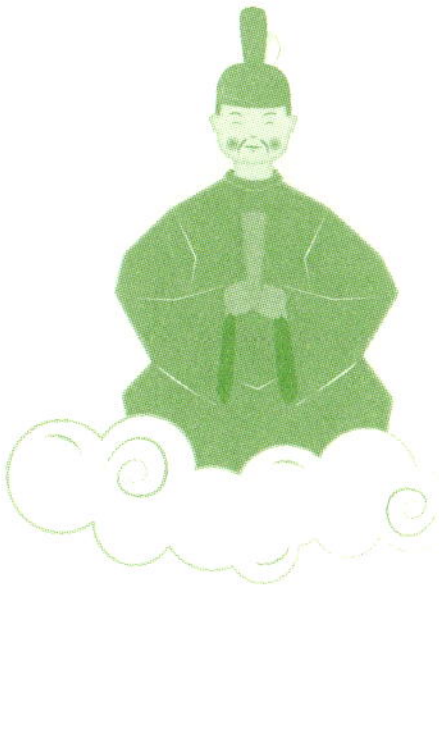

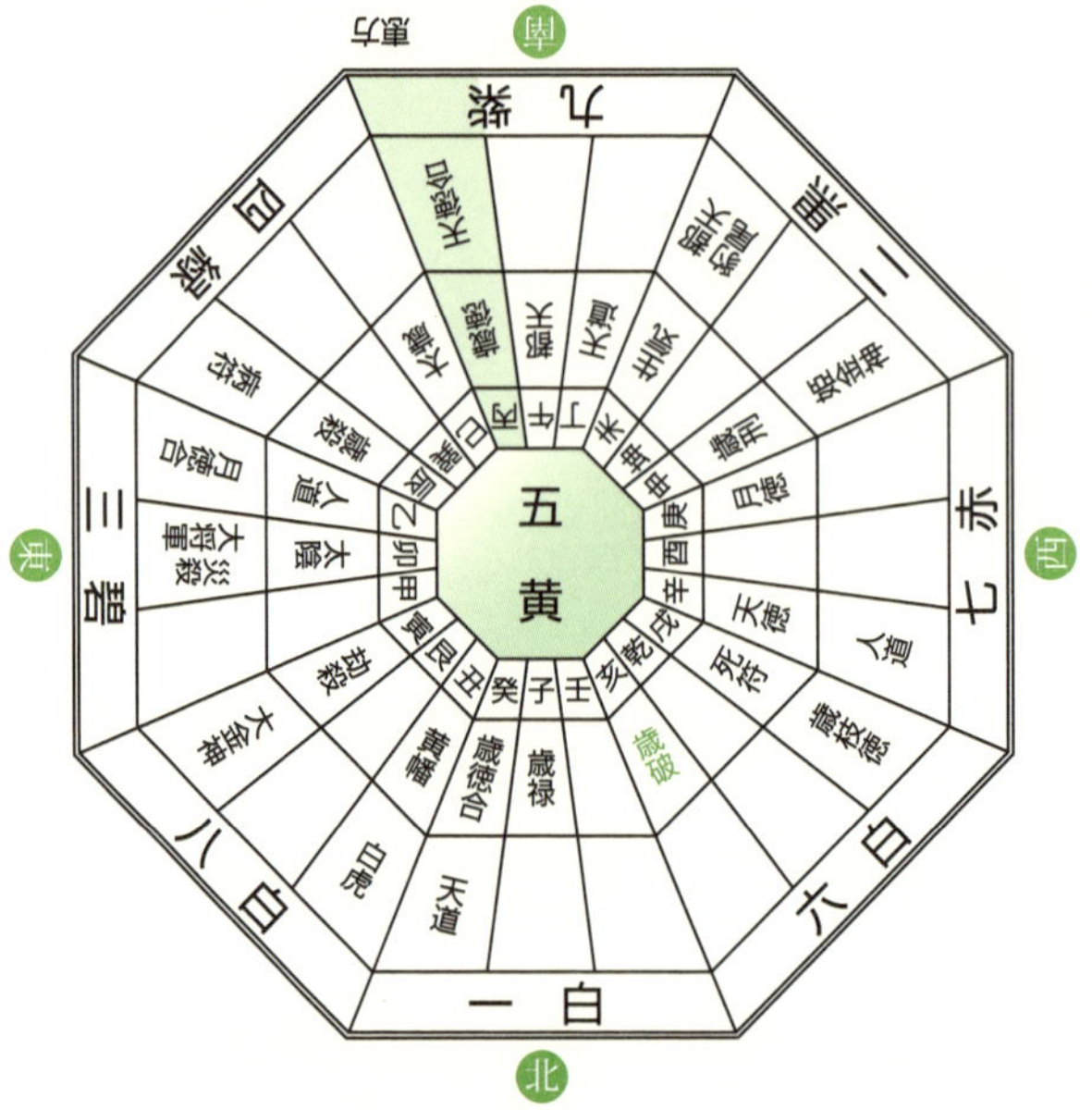

例：五黄中宮・癸巳年方位吉凶図

自分の星がある宮に歳破がある場合

歳破は大凶神の一つで、どのような吉神の力も及ばない凶意を持っています。

この方位は、文字通り「破」の現象があらわれる方位で、食い違いや間違いによる凶災の波動があり、破滅、減退の作用があります。

したがって、この方位を用いると凶方位の影響を大きく受けて、見込み違いから失敗したり、争い事に巻き込まれたりします。

自分の本命星が入っている年や月に、歳破がある場合も同様です。物事がすべて破れ、思い通りに進まない大凶方ですから、家庭の不和や別れ、仕事の失敗、人間関係の争い、思い違いから生じる損害などに見舞われる恐れがあります。

ですから、結婚や交渉事は絶対に避けるべきです。もちろん移転、建築、動土、開業、旅行などにもよくありません。

なお、歳破の位置は毎年変わりますので、その年の方位吉凶図で確認してください。

自分の星がある宮に暗剣殺がある場合

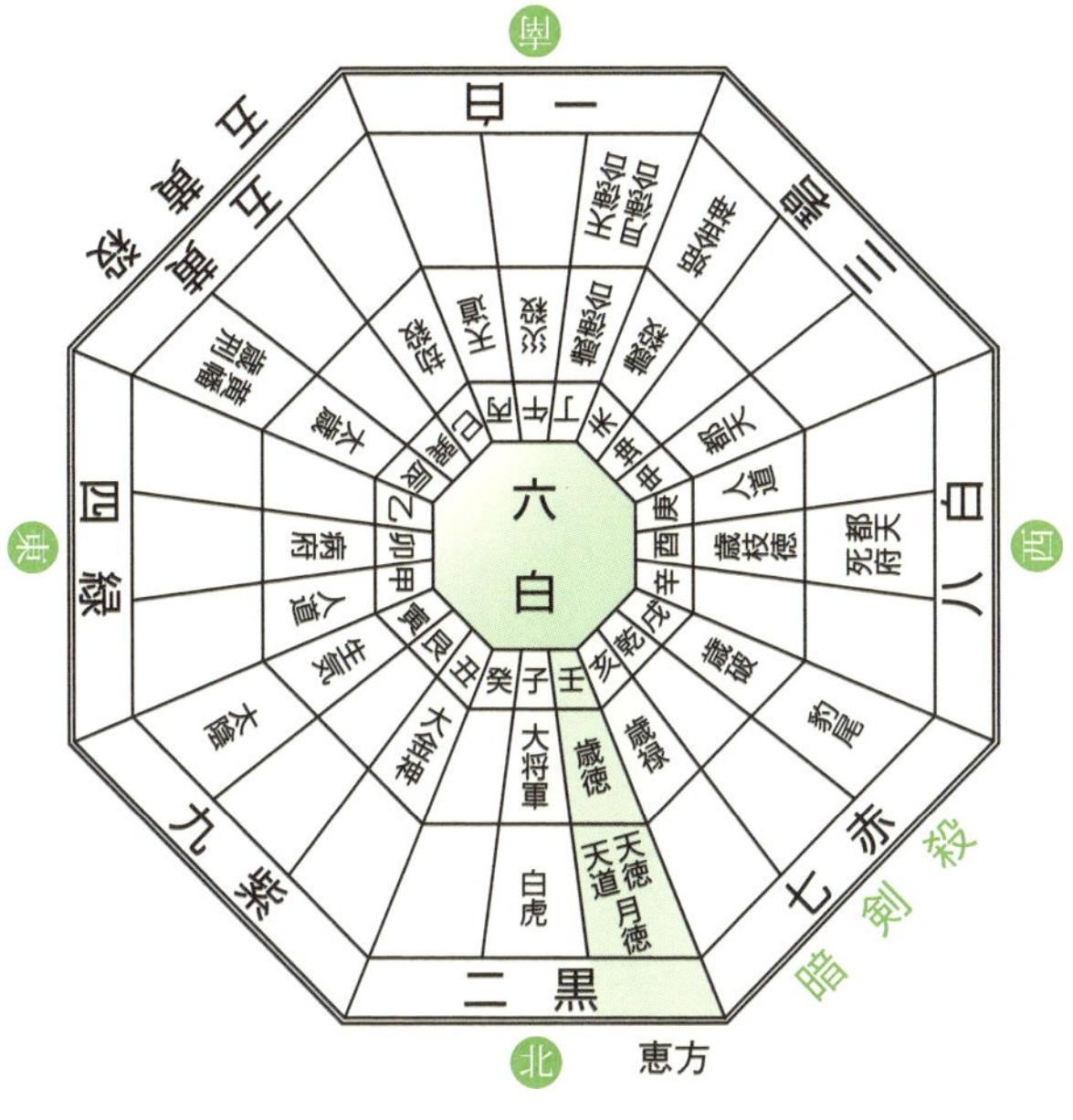

例：六白中宮・壬辰年方位吉凶図

暗剣殺も大凶方で、強烈な凶作用の波動があります。「暗剣」というように、予想外の災禍が突然降りかかってくる方位で、破壊や失敗、減退、対人関係における紛糾などの作用を及ぼします。

自分の本命星が入っている年や月に、暗剣殺がある場合も同様です。運勢全般にわたって大きなマイナスの作用を引き起こされますから、細心の注意と警戒が必要なときといえます。

したがって、この方位への移転、建築、開業、結婚はとりやめにして、難を逃れてください。

また、暗剣殺の場合、他の人からの影響によって運気が下がります。たとえば、相手の不注意で事故に遭ったり、他人の保証人になって損害を被ったり、悪い相手と交際して異性関係のトラブルに巻き込まれるなど、他人によって不幸に見舞われることが多いので注意しましょう。

なお、暗剣殺の位置は毎年変わりますので、その年の方位吉凶図で確認してください。

月や日の運勢

九星気学では、後天定位盤と重なる星を読む「同会法」を用いて、年の運勢だけでなく月や日の運勢を知ることができます。月ごとや日ごとなど、より細かく運気を見たい時に活用するとよいでしょう。

ただし、年の運勢の影響力をサッカーボールにたとえると、月の運勢は野球ボール、日の運勢はゴルフボールくらいといえます。

月運の場合、基本となる後天定位盤のうえに、運勢を知りたい月の月盤を重ね、それぞれの九星がどの位置に運行しているかを見て判断していきます。

たとえば、本命星が五黄土星の場合、三碧中宮の月盤では五黄は西にいます。これは後天定位盤では七赤金星の定座の兌宮となり、五黄土星生まれは、この月は兌宮象意の影響を受けることが分かります。

日の運勢も、後天定位盤のうえに運勢を知りたい日の日盤を重ね、同会する九星を見て判断します。

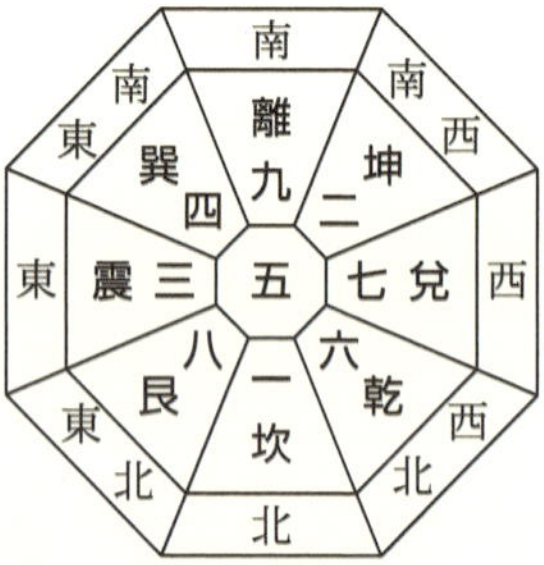

後天定位盤

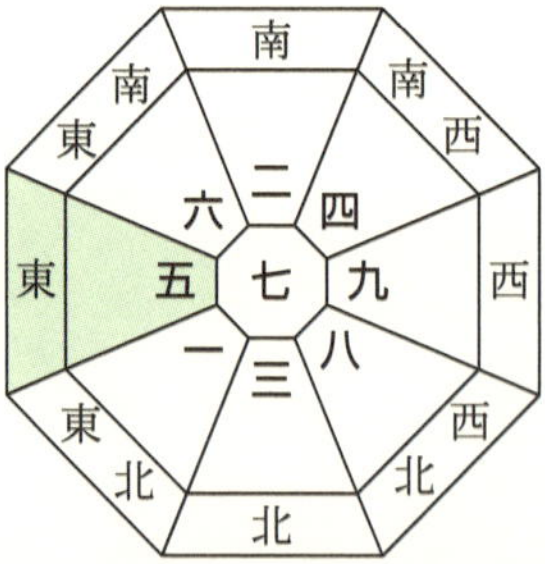

※平成25年6月の月盤
（震宮同会）

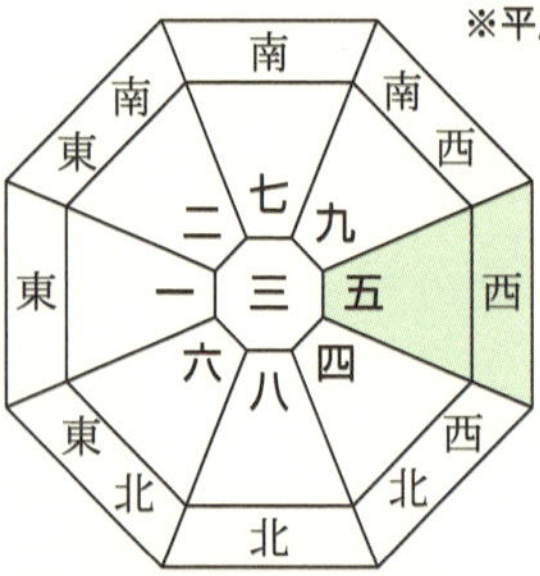

※平成25年10月の月盤
（兌宮同会）

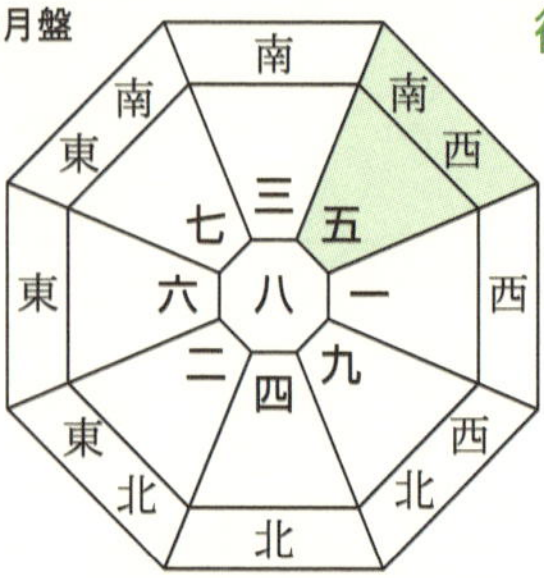

※平成25年4月14日の日盤
（坤宮同会）

九星の象意について

運気の流れの分かってきたところで、それぞれの持っている意味を知っておこう

一白水星

坎の卦

☵

卦象…水をあらわし
卦徳…陥る、陥険《かんけん》なり

先天定位盤

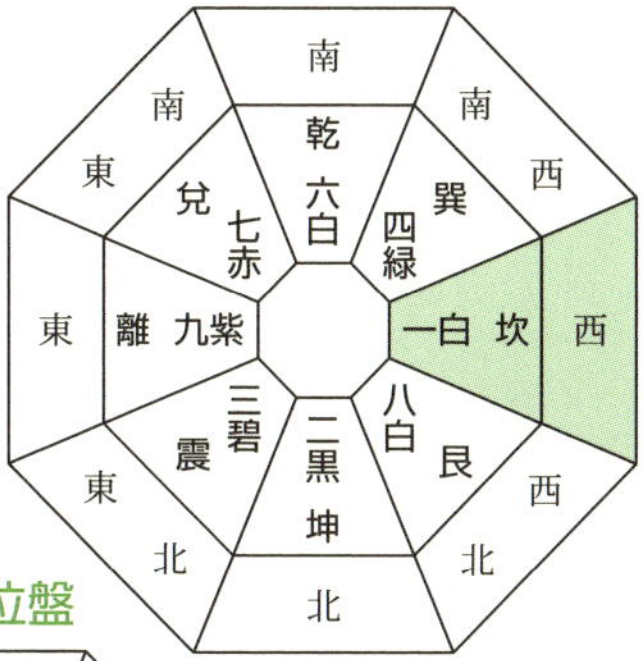

後天定位盤

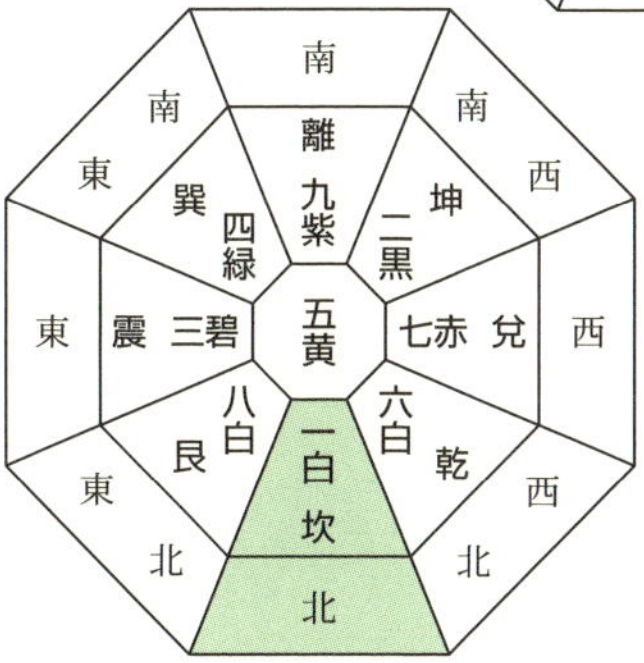

八方位の北に位置する一白水星は、易の「坎」の卦からきています。坎は、一陽が二陰の中間にはさまれている形で、陽の気が上下の陰の気に押さえられ困難に陥って悩んでいることを示しています。

また、坎は「水」を象徴し、流れ落ちる川の象で、河や海辺、湖、湿地帯などの意味も含みます。冬、雨や雪、寒気といった象意もあります。

水には、万物を潤して生物を育てる力がある一方、「水は方円の器に従う」というように、どのような形の器にもなじむ性質があることから、流される、義理人情に溺れる、悩み、陥る、安定性がないといった意味も含まれます。

さらに、坎という字は「土を欠く」と書くことからも分かるように、土を侵《おか》し、削って、低い所へと流れていく水を表現しています。

したがって、困難や苦労、悲しみ、苦痛、水害、病の象でもあり、水は冷たく寒く、寒ければ悩み困難し、病むということになるのです。

天候

寒い日、雨、雪、霜、北風、霞。

方位

坎の方（子の方）、北方。

季節

冬（十二月）。子の月、真夜中。

性質

水は方円の器に従う、人情に溺れて悩む、身動きが取れずに困難する、病で苦しむ、無色透明のため他に染まりやすい等の特質があります。

人物

中男、研究者、職人、人情家、病人、貧しい人、苦労性の人、船乗り、悪人、盲人、淫婦、海辺の人、水商売、悪智恵の働く人、悩み多き人。

身体

血液、腎臓、耳、陰部（子宮）、生殖器、泌尿器、脊髄、関節、汗、涙、鼻、唾液。

病・・・特に貧困、冷えからの患い多し。

動物

獣類（ねずみ、狐、馬、豚）、水中に生息するもの、鳥類、四つ足の動物。

植物

湿地帯の植物、水中の植物、冬に咲く花、寒気中に成長する植物。

食物

水、サイダー、酒、液体の飲みもの全部、海で取れるもの（海苔、昆布、塩など）、豚肉、芋類、蓮根、豆腐、野菜、水中のもの、骨のあるもの。

場所

河、池、海辺、湖、井戸、湿地帯、水気ある低地、地下室、洞穴、水道局、流し場、台所、水族館、病院、消防署、葬儀場、告別式場、歓楽街、日当たりの悪い所、銭湯、温泉、喫茶店、質屋、料理屋、スキー場。

働き

上から下へ向かって流れる、悩み、安定性がない、明日を定めぬ行方。

数

一と六の数。

性格

義理人情家、騙されやすい、悩み多き人、意志が弱いか頑固、苦労性、社交上手、目立たない。

雑象

流浪の旅、思い患う、交際、関係、秘密、情交、溺れる、隠れる、失敗、考える、研究、努力、死人、因縁、土葬墓の跡、陰、毒物、苦情、流れる、落ち込む、企てる、憂う、哀れ、患う、泣く、濡れる、悪智恵、北向きの家、マニア。

二黒土星

坤の卦（☷）

卦象…地（大地）であり
卦徳…従順なり

先天定位盤

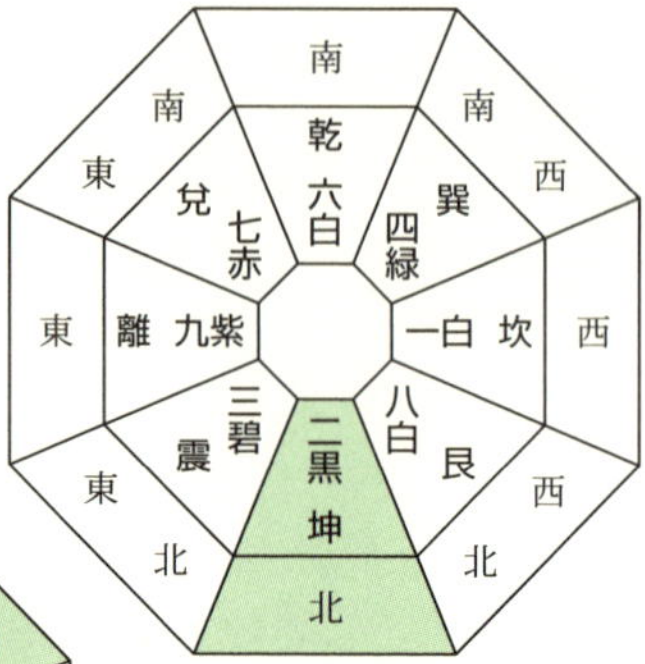

後天定位盤

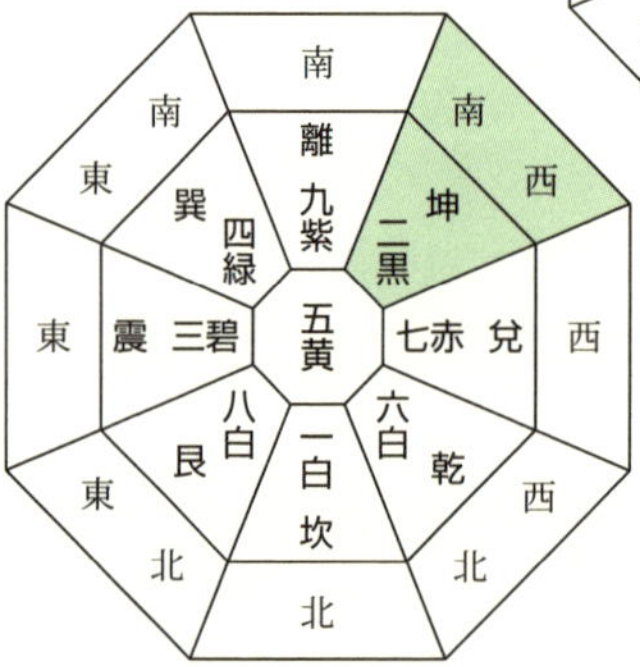

西南に位置する二黒土星は、易の「坤」の卦からきています。

坤は「大地」を象徴し、不動の地の象です。坤の地は、田や畑であり、万物を包み込み、生育していく力を持ち、すべてのものを受け入れる柔順な性質も持っています。さらに、天に対しての地は、大衆や庶民をあらわします。

「天は恵み授け、地はこれを受けて従う」というように、地は天よりまかれた種を受けて、これを慈しみ、育てます。この大地は、あたたかな母親の慈愛、生みの苦しみ、忍耐力と粘り強さ、包容力、そして女性特有のやさしさである柔の徳、慎み深さ、縁の下の力持ち的な働きをも象徴しています。

つまり坤は、すべてを受け入れて生み育てる「母なる大地」を意味し、その家の主婦に影響を与える方位とされているのです。また、「裏鬼門」と呼ばれる西南は、「地門」とも称され、母・妻・労働・堅実などの象意もあります。

天候
曇天、陰にこもった日、うす暗い天候、静かな日、平穏な日。

方位
坤の方（未申の方）、西南方。
裏鬼門（死門、病門）・・・家相や方位で使用。

季節
夏（七月、八月）、未申の月

性質
生み育てる、育成する、産み出す、苦労、縁の下の力持ち、慎み深さ等の性質を持っています。

人物
母、妻、老婆、群衆、大衆、庶民、団体、部下、使用人、労働者、工夫、農夫、貧困者、無能力者、故郷の人、迷子、隠者、産婆、産科医、古物商人、内科医、葬儀屋。

身体
腹部、肋骨、脾臓、胃、肉、血、消化器系、病・・・虚弱症のことあり。

動物
牛、馬、羊、猿、土蜘蛛、蟻、なめくじ、みみず。

植物
土中のもの（芋類全般）、草の根、蓮花、一般の野菜類、苔、葦、黒檀。

食物
糖分、駄菓子、茸類、芋類、筍、野菜、牛肉、麦、粉類、塩、牛乳、つけ物、煮込み類。

場所

田畑、原野、平野、空き地、農村、道路、下町、田舎、村落、辺地、貧民街、墓地、生れ故郷、産所、さびれた町、郊外。

働き

従順、従う、低い、敬う、寛容、大地は不動にして万物を育み育てる。

数

五と十の数。

性格

従順、忍耐強い、静か、穏やか、堅実、苦労性、常に努力する、地味。

雑象

雑役夫、臣、四角張ったもの、やわらかいもの、腐ったもの、失う、迷う（受け身の依頼心から）、布、袋、細かい、虚無、黒、乱れる、受ける、垢抜けない、数の多いもの、欲、西南（未申）向きの家、田舎家、納屋、倉庫。

三碧木星

震の卦

☳

卦象…雷をあらわし
卦徳…震い動くなり

先天定位盤

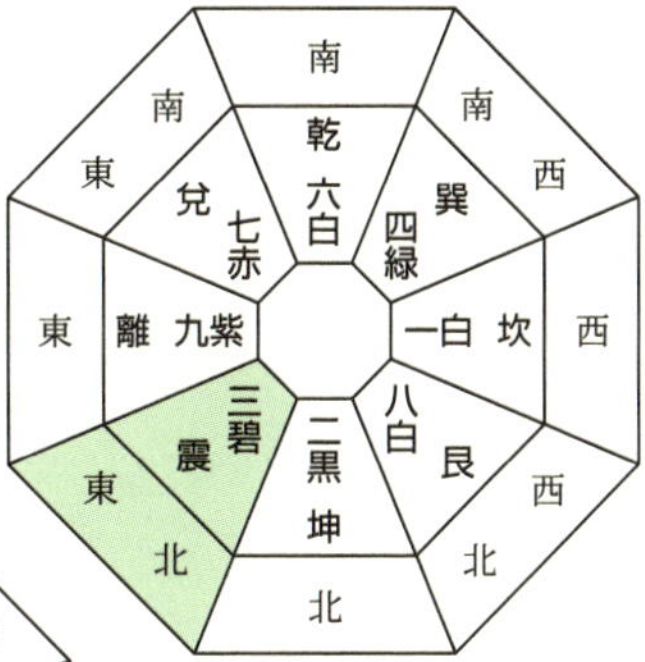

後天定位盤

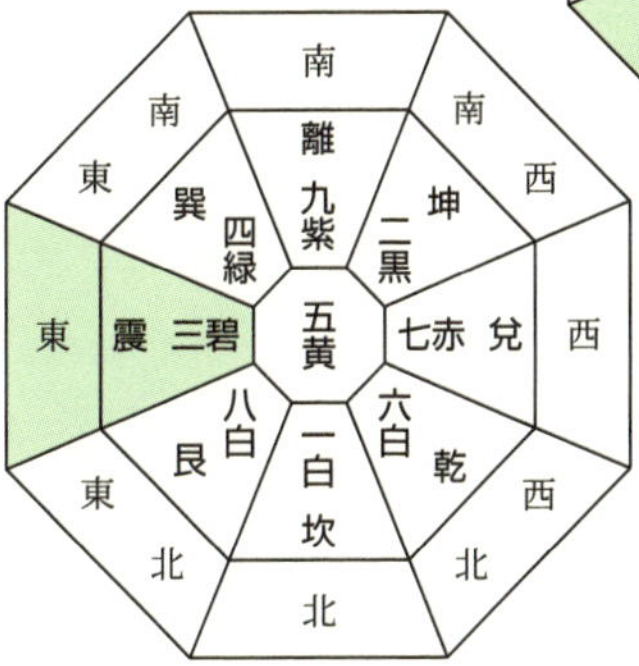

東に位置する三碧木星は、易の「震」の卦からきています。震は、陽が二陰の下にある形で、柔の二陰に押さえられている剛の一陽が震い動き、上にのぼろうと活動していることを示しています。

また、震は陽の卦で、易象では背の高い木、成長の早い樹木を象徴するとともに、季節では春を示し、物事が動き始めることを暗示しています。

震は「雷」をあらわし、動くものの象徴で、天地自然のさまざまな法則は雷の生気によって活動、発育し、胎動しているという意味があります。これにより進出、伸長、上昇しようとする勢い、活発な行動力をあらわしています。

さらに、雷は天が震動するものですから、震には音響、響くという意味もあり、声あって形がない、声あって手に取り難いという意味も含まれています。したがって、「本体がない」ということであり、中身がない、話だけで気がない、本質が見えないともいえるのです。

天候

雷、雷雨、地震。

方位

震の方（卯の方）、東方。

季節

春（三月）、卯の月。

性質

陽が陰に押さえられている形から憤激、怒り、嘘の意があり、三角形、先の尖ったモノとか、先が細くなる性質があります。

人物

長男、年上、先輩、著名人、音楽家、鍼灸師、騒がしい人、詐欺師、狂言者、司会者、アナウンサー、活動家、電気技師、運転手、祭主。

身体

声帯、咽喉、手足、肝臓、発作、神経、指。病・・・脚気。

動物

龍＝中国独特の思想、蛇、細くて長いもの、鳴く虫類、さえずる小鳥類、鷲、鷹、燕（嘴の尖っている類）、蛙、蜂、百足、蚤《のみ》、キリン。

植物

背の高い木、成長の早い樹木、竹、青い海草類、杉、バラ、茅。

食物

酸味のあるもの、酢、野菜類、花や草の芽、海草、揚げもの、みかん。

場所

交通の激しい所、騒がしい所、音楽室、公会堂、放送局、電報電話局、発電所、震源地、音のする所、森林地帯、三角地帯、電気屋。

働き

「声あって形なき」の象、前進、進出、活動、憤激、発動などの活発な働きの意を含んでいます。

数

三と八の数。

性格

アイデアマン、騒々しい、怒りっぽい、短気、神経質、活動的。

雑象

針、昇る、伸びる、高い、楽器類（振い動き振動するもの全般）、爆発性のある物、森、林、火事（木と木が触れて）、高い塔、騙す、移転、移動、虚言、驚く、鋭い、騒ぐ、怒る、大声、講演、歌う、音波、画鋲、自動車（事故も含）、自転車、火薬、花火、銃、鐘、鈴など。

四緑木星

巽の卦（☴）

卦象…風をあらわし
卦徳…入る（伏入）なり

先天定位盤

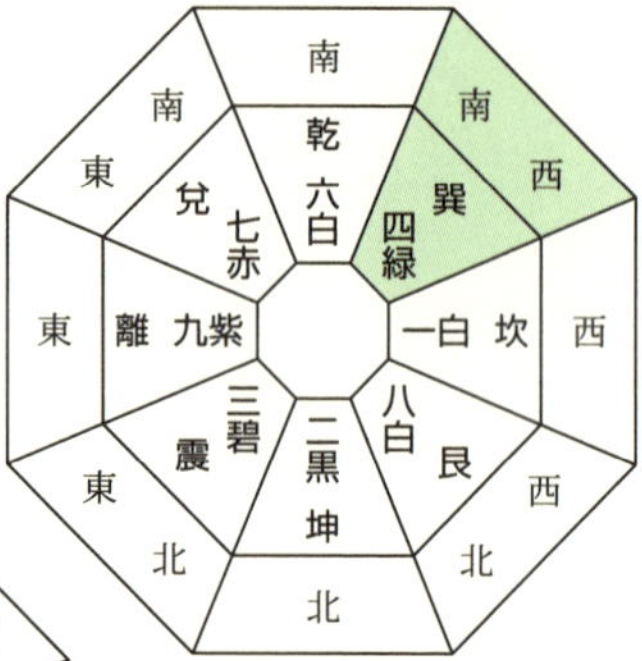

後天定位盤

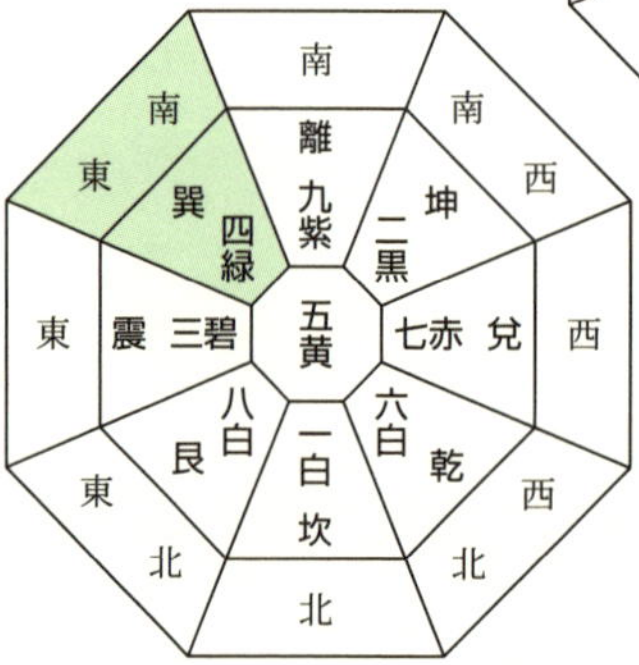

東南に位置する四緑木星は、易の「巽」の卦からきています。巽は、二陽の下に一陰が生じている形で、柔の上に二つの剛が乗っていますから安定性がありません。

したがって、巽は、不安、迷い、動揺といった意味を持っています。人では従順・柔和の象意がありますが、決断力に乏しく優柔不断、自身のことは不安や迷いが生じがちです。

また、巽は「風」を象徴します。遠方から吹いて来る風のことで、「風はいずこより来たりて、いずこに去るを知らず」というように、一定性がない、安定性がないという意味も含んでいます。

風には、物にしたがって吹き入り、万物を吹きあおり、これを拡散して生育する意味もあり、成長や繁栄発展の運気を備えています。

反面、風は目に見えず、手に取ることもできないため、漠然としている、正体がはっきりしないといった象意もあり、幽霊の象ということもあります。

天候
風のある日、不安定な陽気、雨雲あるが雨の降らぬ日。

方位
巽の方（辰巳の方）、東南方。

季節
晩春（四月、五月）、辰巳の月。

性質
吹き来るものであるから安定性がない。実体がない・・・客観的に見た場合。
吹き去るを知らずであるから不安、動揺、迷いが生じる・・・主観的に見た場合。

人物
長女、主婦、従順・柔和な人、仲介人、旅人、遊び人、行商人、セールスマン、外交員、額の広い人、髪の長い人、情報屋、船乗り、パイロット、案内人、寡黙な人、八百屋。

身体
呼吸器、股、神経、頭髪、腸。
病・・・風邪、中風、痔、腋臭症

動物
きじ、蝶、鶏、蛇、ミミズ、トンボ、豚、蝙蝠、蜂。

植物
柳、葭《よし》、朝顔、草類、蔦類、蔓草類、菖蒲、シダ類、横に広がる草木、背の低い潅木、芝。

食物
麺類、鶏肉、長いもの（どじょう、鰻、あなご等）、ねぎ、わけぎ、にら、ひらめ、鰈、山林に自生の食べられる植物、ミカン、野菜類。

場所

神社、寺院、取引場、市場、船着場、ヨットハーバー、飛行場、道路、トンネル、ガード、草むら、郵便局、林の中、風通しの良い所。

働き

入る、風の便り（通信・音信）、取引きが調う、縁談がまとまる。

数

三と八の数。

性格

柔和・従順、決断に乏しい、不安、迷う、物事を工夫し考案する人、疑惑や疑問の多い人。

雑象

心が定まらない、優柔不断、不決断、整う、縁談、世話、遠方、旅行、音信、風評、連絡、命令、法令、通信、信用、扇風機（うちわ、扇子）、飛行機、船舶（交通として）、取引き、幽霊、吹き来るものすべて。

五黄土星

坤の卦（☷）
卦象…地（大地）であり
卦徳…従順なり

艮の卦（☶）
卦象…山をあらわし
卦徳…止まるなり

先天定位盤

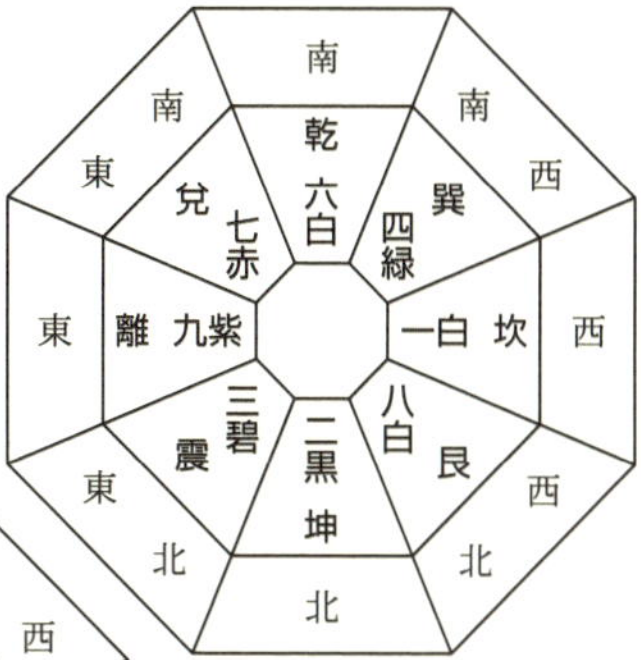

後天定位盤

八方位の中心に位置する五黄土星は、いわば九星の中心となる星で、他の八星を支配する強力な帝王の星といえます。

易象は、二黒土星と同じ「坤」と八白土星の「艮」の卦にあたり、「地」を象徴します。五黄は本来、二黒と八白の「土」を合わせ持つ星で、この「土」は地球創生の大地をあらわしています。

また、大地のように万物を育てる力を持つ反面、すべてを破壊し、腐敗消滅させてしまう強烈な威力も持っています。したがって、生みだす力と全滅させる力、この相反する極端な二面性が、五黄土星の特徴といえるのです。

一般には、五黄土星を最も強運な星とみなしますが、坤はすべて陰の集まりであり、老陰の卦とされます。このことから地震や津波、台風、天変、地変、爆発などのほか、古い品物や腐りかかった食物、辛抱、悪化、疾病、廃屋、失業、強欲、損害、不完全、故障などの象意があります。

天候

どんよりした曇り空、地震、津波、台風。

方位

中央。

季節

四季の土用。

性質

二黒土星の陰の気と八白土星の陽の気の二つの作用を兼ね備えています。有形・無形の万物を腐らせてしまう作用があります。

人物

帝王、大統領、首相、大臣、悪人、盗人、無頼の徒、邪魔者、浪人、ホームレス、老人、年配者。

身体

五臓六腑、腹部、大腸（下痢・便秘）。

動物

猛獣類、猛禽類、毒蛇、毒虫、油虫（ゴキブリ）。

植物

毒草類、臭気を放つ草木。

食物

糖分も栄養分もないもの、味噌、酒粕、古い腐りかかった食物、粗末な食品、毒性のある食品。

場所

中央、原野、戦場、墓所、焼跡、廃所。

働き

腐敗作用、土化作用、毒素を出す。

数

五と十の数。

性格

変革を好む、偏屈、リーダーシップがある、強欲。

雑象

天変、地変、爆発、破壊、全滅、廃物、壊乱、死体、屑物、不用物、凶暴、頑固、悪化、悪性、疾病、葬式、腐敗、失業、天災、失敗、廃業、強欲、汚物、塵埃、汚損、異変、黒幕、殺傷、死亡、損害、残骸、転覆、不完全、故障、妖怪、不明、じわじわと、暗い所、汚い場所、未開拓の地。

六白金星

乾の卦

☰

卦象…天をあらわし
卦徳…剛をあらわす

先天定位盤

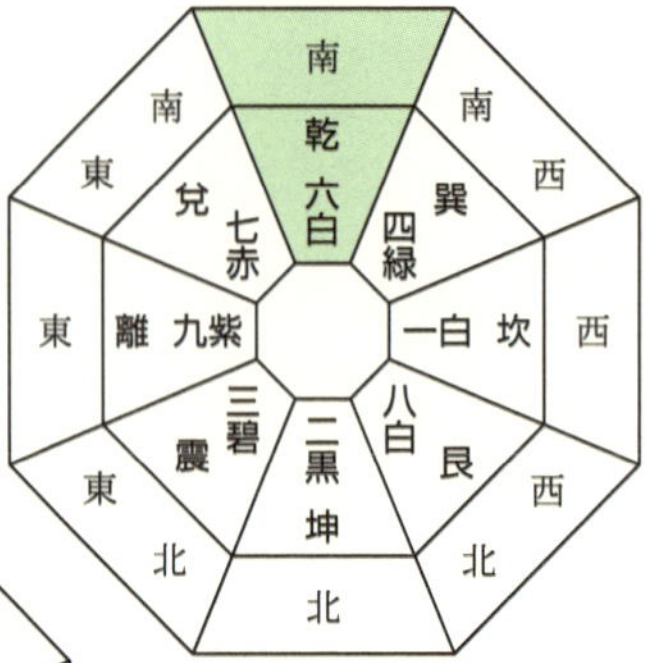

後天定位盤

西北に位置する六白金星は、易の「乾」の卦からきています。乾の卦はすべて奇数で、陽の卦で成り立ち、老陽の卦ともいわれます。

乾は「天」を象徴するもので、万物を見守る働きを示していることから父であり、一国にたとえると君主となります。さらに、高貴な人、老人、目上、主人、高僧、神職にある人、堅い性格の人物などの象意もあり、広い意味では男性全体をあらわしています。そのため乾は、一家の主人の運に影響を与える方位とされます。

天の象から、尊い場所として神社、仏閣、教会、高台などの意味も持っています。つまり乾は、天であり神仏であり、父であり、先祖であり、尊であることを意味しているのです。

また、乾は丸くて固いものを象徴し、六白金星の「金」は、地金のままの金属を指します。土の中から掘り出したばかりの荒金で、まだ溶解、精錬もしていない鉱物を示し、剛をあらわしています。

天候
晴、氷、雹《ひょう》、霰《あられ》（丸くて固い）。

方位
乾の方（戌亥の方）、西北方。

季節
秋（十月、十一月）、戌亥の月。

性質
金性で丸くて固いもの。

人物
天皇、大統領、首相、社長、高官、老人、目上、上長、主人、父、先輩、上司、高僧、神職にある人、広義では男性全体をあらわす。

身体
頭、顔、首、肺臓（丸くて固い）、骨、肋膜、首から上（体全体から見て）。

動物
馬、象、虎、鳥（特別尊いもののみ）鯨、龍＝中国独特の思想。

植物
果実のなる木、薬草、秋に咲く花、榊、柚子。

食物
木の実、果物、干した物、米、饅頭、柏餅、包み菓子、海苔巻、乾いた肉。

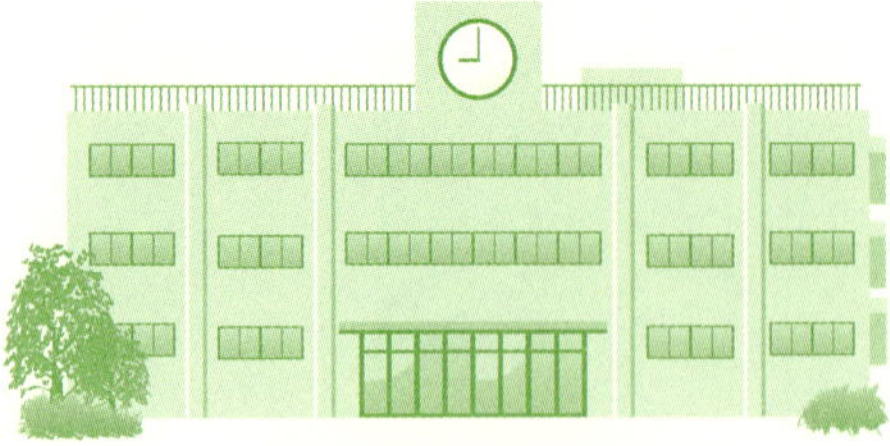

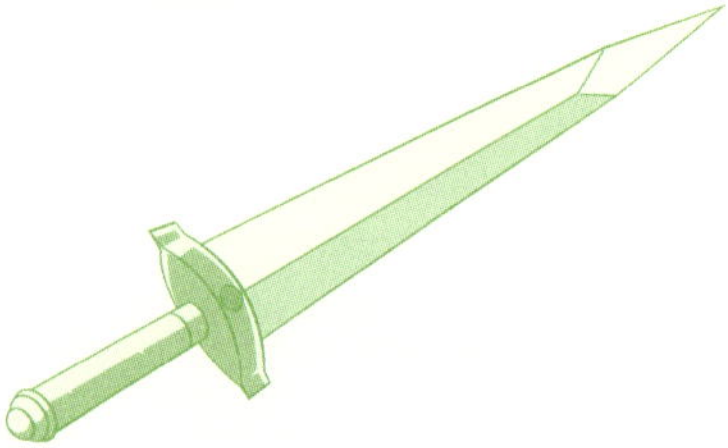

場所

神社、仏閣、神殿、教会、官庁、高台、山の手、高原地帯、ビルのある所、学校、競技場、競馬競輪場、とばく場、市場、取引所、塔、見晴台、大川、繁華な所、都市、帝都。

働き

施す、負う、かばう、全体を包み込む。

数

四と九の数。

性格

堅い人物（良い意味）、剛情、頑固者（悪い意味）。

雑象

剣、刃、動くもの、回転するもの、乗り物、戦い、争い、昇る、威厳、丸い、飛ぶ、易学、気学。

七赤金星

兌の卦

（☱）

卦象…沢をあらわし

卦徳…悦なり、説なり

先天定位盤

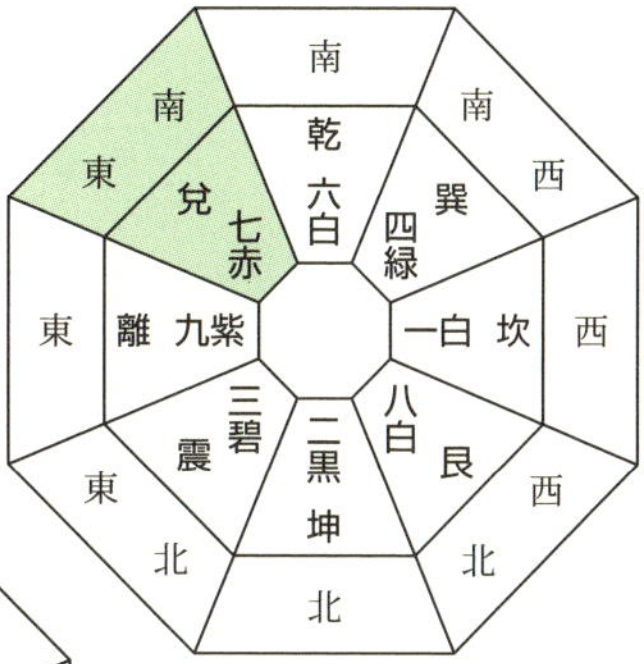

後天定位盤

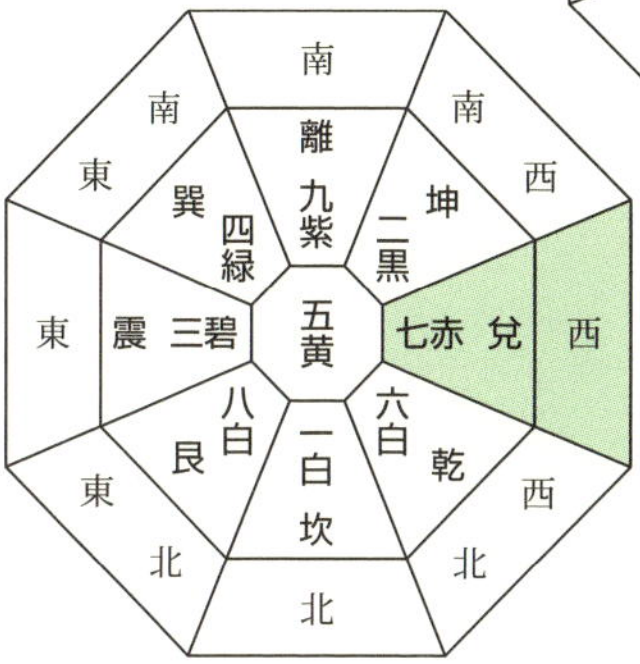

西に位置する七赤金星は、易の「兌」の卦からきています。兌は、二陽の上に一陰が乗った形で、柔が剛の上にあるので悦びの形となります。

また、兌は「沢」をあらわし、水の象です。沢は、海や湖、池などのように、水をたたえている所を指しています。生活に水があることは、人間が生きていくための最大の恩恵で、喜びともなり、「悦なり」となるわけです。

さらに、兌は口で、口はものを喋り、語り、説明することから「説なり」を意味しています。ただし、口争いや論争といった象意も含まれます。

この兌には、欠けたものという象意もありますが、七赤金星の「金」は、六白金星の金と異なり、加工した金属類を意味するものです。つまり、お金や磨き上げた金属、細工をほどこした金属製品、金属の道具類などを示します。

一方、兌には、手落ち、不足する、また破損や遊興といった意味もあります。

天候
雨天、小雨模様、星。

方位
兌の方（西の方）、西の方。

季節
初秋（九月）、酉の月。

性質
固いもの、ただし乾と異なり加工した金属類。

人物
少女、芸能界の女性、妾、芸者、若い女性、芸能、芸術・音楽に関与する女性。無学の人。

身体
舌、口、歯、胸、肺、呼吸器。

動物
羊、猫、豹、池や沢中の動物。

植物
秋に咲く、沼沢地帯に生える草木の類。

食物
羊の肉、鳥肉、スープ、焼鳥、親子丼、甘酒、汁粉、コーヒー、紅茶、牛乳、酒、ビールなどアルコールを含めた飲み物全般。

場所

池、沼のある所、小川の流れる所、低地、プール、花柳界、飲食店、料理屋、下町、遊景の地、堀端、講習所、鶏小屋、鶏肉屋、窪んだ所や溝。

働き

歓ぶ、嘆く、語り説明する。

数

四と九の数。

性格

朗らか、陽気、おしゃべりな人物（悪い意味）。

雑象

口争い、論争、悪口、剣、破損、傷つく、壊れる、欠ける、語る、説明、歌う、遊興、金銭、楽器、コップ、茶碗類、忘れる。

八白土星

艮の卦（☶）

卦象…山をあらわし
卦徳…止まるなり

先天定位盤

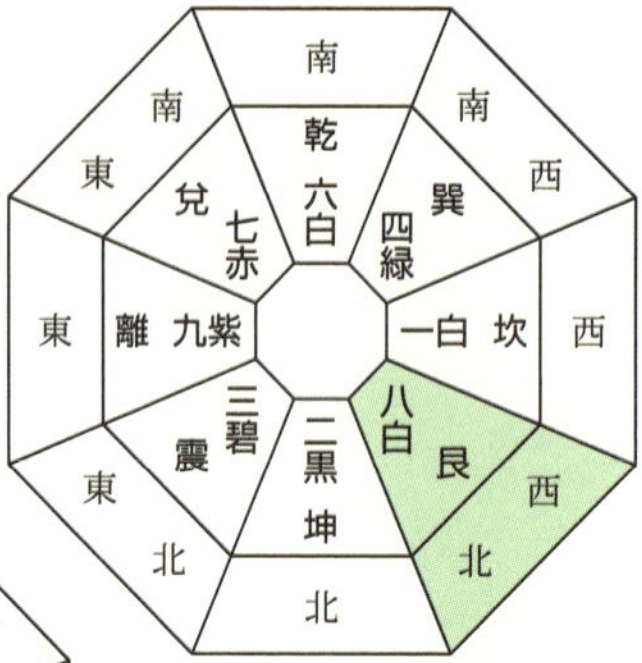

後天定位盤

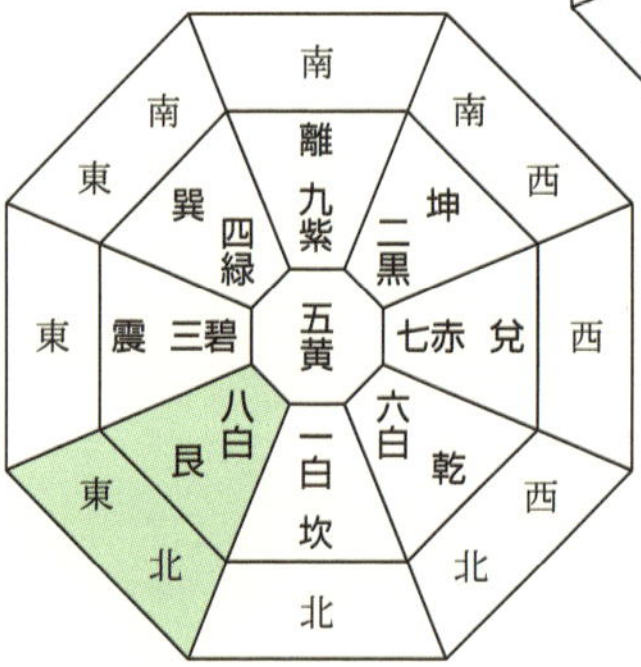

東北に位置する八白土星は、易の「艮」の卦からきています。艮は、二陰の上に一陽が乗っている形です。上昇する気を持った陽が上にあり、下降する陰の気が二つとも下に位置していますから、もうこれ以上に昇ることもなければ下に降ることもない、下がることができないから動かない、つまり「止まる」という意味を示しています。

八白土星の艮は、二黒土星の坤があらわす大地の土の象とは異り、山の象を示しています。山は不動のもので、目の前に山があれば進むことができません。したがって、止まる、停止する、静止することになるのです。

この象意を人にたとえるなら、一歩も相手に譲らない性格の人、見識が高く物事に動じない人となり、強情、頑固者ともいえます。

また、艮には、中止、不動、障害、突然の変化といった意味も含まれ、運命的にも、健康や天候においても、変化を起こそうとする傾向があります。

天候
今まさに天候の変わろうとする時、曇り空、嵐。

方位
艮の方（丑寅の方）、東北方。
表鬼門・・・家相や方位で使用。

季節
冬から春に移る候、（一月、二月）、丑寅の月。

性質
止まるなり、これ以上動きが取れない状態であると共に、物事の終わりにして始めでもあり、その変化のあらわれを示しています。

人物
小男（年少者）、僧侶、童、下男、山伏、相続人、肥満体の人、背の高い人、捕虜、凶人、強欲な人、守衛、夜警、駅員、番人、質屋、問屋、茶屋、土建屋、警手、灯台守、踏切番。

身体
背、鼻（高いから）、肩、腰、関節、骨、脊髄、足、イボ、瘤《こぶ》、癌、腫物。
病・・・ストレスからくる病気一切。

動物
虎、嘴の強い獣類（鳥類）、キリン、猪、鹿、牛、犬、鷺、鼠。

植物
蔓のあるもの、高い樹になっている果物、竹、筍、ヘチマ、藤。

食物
山で取れるもの全般、貯蔵の出来るもの、黄色の実、瓜果類、つくし、茸、芋類、ブドウ、冬瓜、百合根。

場所

山岳地帯、丘陵地帯、墳墓、墓地、倉庫、蔵（貯蔵するから）、門、石段、階段、築山、土手、高台、物置小屋、旅館街、休憩所、停留所、行き止まりの所、東北向きの家、突きあたりの家、石段のある家、東北に張りのある家。

働き

進退決しない、突然の変化、満期、中止、閉鎖、消極的である。

数

五と十の数。

性格

頑固者、山のように動じない、譲らない、強情、天狗、変屈、篤実、表面は強情張りであるが内面では迷い易く、消極的な一面もある。垢抜けないが真実のこもった人。

雑象

山土、静止、迷う、閉店、再起、反背、石類、積み重ねたもの、衝立、塔、山、高い、不動、塞がる、遅滞、故障、止まる、宿泊、満期、終始、貯蓄、夜の終わりにして朝の始まり。

九紫火星

離の卦（☲）

卦象…火をあらわし
卦徳…明知をあらわす

先天定位盤

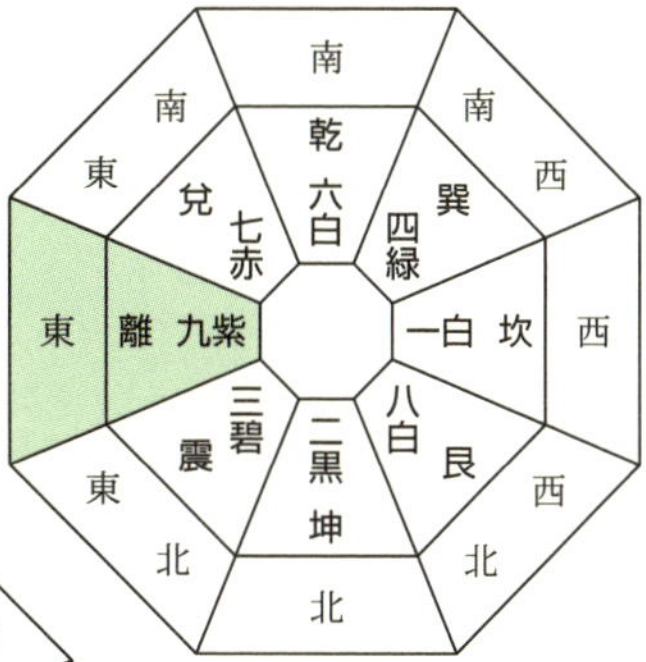

後天定位盤

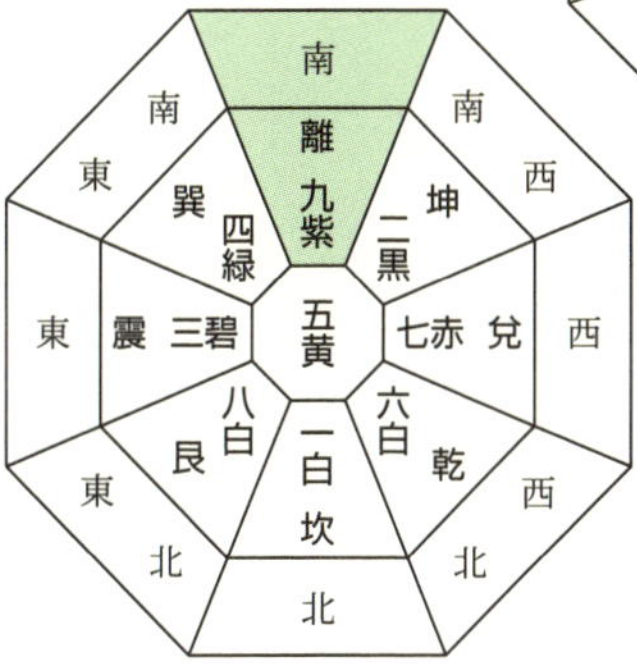

南に位置する九紫火星は、易の「離」の卦からきています。離は、二陽の間に一陰がはさまれている形で、これは上下は剛であっても内は柔である形を意味しています。

また、離は「火」を象徴します。九星の中で唯一の火星で、火は陽でもあります。物を燃やす火と、大空に燃え輝く太陽の陽の二つの意味が含まれているのです。

火は燃えることで周囲を暖め明るくします。太陽が昇れば万物を照らし、見通しがよくなる、つまり物事の目鼻がつくことに通じます。このため、離には「明なり、知なり」という意味があります。

燃えさかる炎は、明るく周囲を照らし出すため、明瞭、知識、華美、文明、芸術などを示すことにも用いられます。

しかし、同時に、火には燃え移る性質があることから、移動や動揺、分離、離散集合、変化という意味も含まれます。

天候

晴天、日中、暑い日、太陽が輝く時。

方位

離の方（午の方）、南方。

季節

夏（六月）、午の月。

性質

付着、動揺、変化、移動の性質があり瞬間的、短期間に燃え尽きて消えてしまうところもある。

人物

中女（中年の女性）、美人、知者、文学者、画家、著述家、裁判官、消防士、鑑定家、検査員、見張・番人、カメラマン、目の大きな人、着飾った人、眼鏡をかけた人、見識のある人。

身体

目、耳、顔全体、心臓、血液。

動物

亀、蟹、馬、鳥、エビ、金魚、鮭。

植物

紅の（美しい）花を咲かせる草木類、南天、千両や万両、柿、りんご、榊、紫蘇。

食物

干物・乾物類、煮物、焼物、ゆでた物、肉類、貝類、赤い物、色彩の美しい料理、ゆで玉子（表面固く中は柔らか）。

場所

天文台、警察署、裁判所、交番、見張場、灯台、交差点（信号所）、税関、税務署、図書館、映画館、劇場、宴会場、繁華街、博物館、陳列所、美術館、社殿、祈祷所。

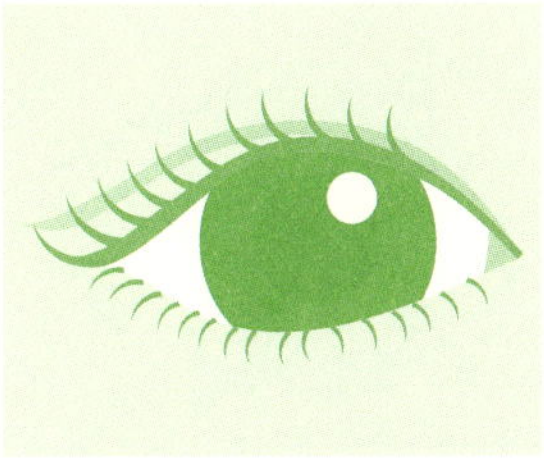

働き

分離、離合と集散、文明、移動、明瞭、変化、明らかとなる。目に見えて手に取りがたし。

数

二と七の数。

性格

才能豊か、カンが良い人、目立つ人（良悪共に）、華やか、派手な人。

雑象

火、炎、赤い、輝く、光り、目先がきく、焦る、慌てる、頭にくる、喧嘩、分離、離別、退く、除く、栄転、華やか、情熱、心理学、文学、芸術、学問、絵画、印刷物、印鑑、写真、眼鏡、地図、火災、切断、手術、アクセサリー。

自分の運気を書いてみよう

今年の年盤を書いて、自分の星の位置を確認しましょう！

●自分の星

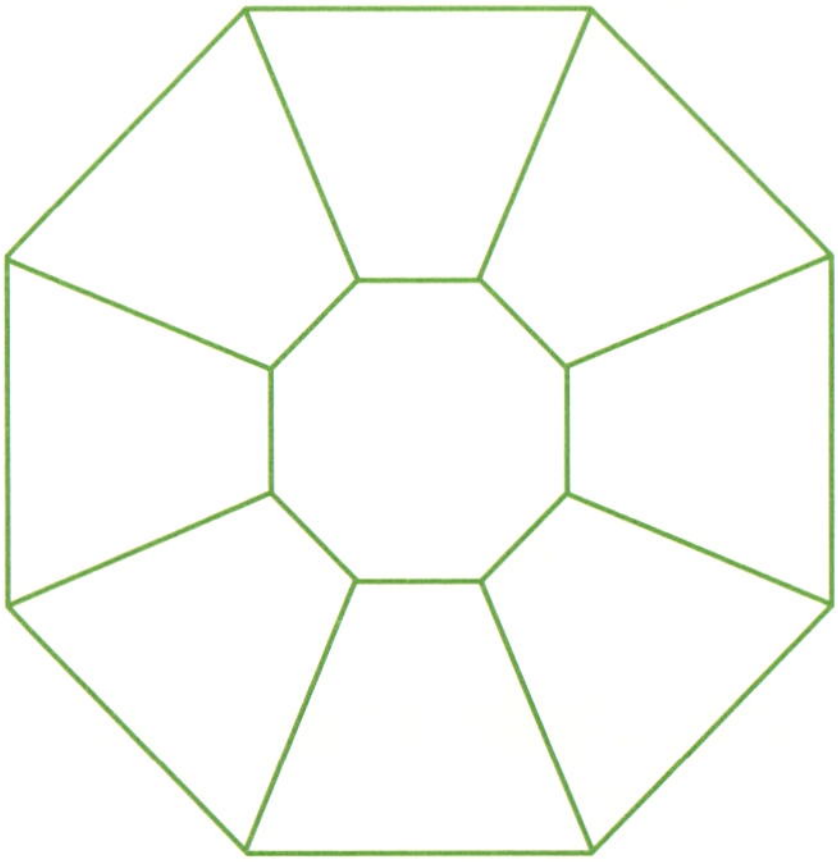

●自分の星がある宮 　　　運

＊自分の星がある宮は、全体的にどんな運気か、P17でチェック。

●自分の星と同会している 　　　同会

＊自分の星の位置は、どんな運気か、P21～でチェック。

●総評

＊気を付けることなどを書いておこう！

第2章

自分の性格を知ろう

性格の見方

月命星

性格を判断するときには、生まれた年の本命星とともに「月命星」が大切です。生まれた月の星を月命星と呼び、本命星から求めることができます。

本命星をもとに、月盤から月命星を調べますが、この時、九星は「一白水星・四緑木星・七赤金星」「二黒土星・五黄土星・八白土星」「三碧木星・六白金星・九紫火星」の三つのグループに分かれ、それぞれ同じ月盤になります。

では、巻末P197にある月盤表を参考にして、実際に月命星を割り出してみましょう。

たとえば、昭和五十三年八月生まれの人の本命星は、四緑木星です。月命星を求める場合、まず、四緑木星の年の月盤表を見ます。次に、その中から生まれた月の八月を見ます。月盤の中宮に「二」という数字があるので、月命星は二黒土星となります。

ただし、ここで注意しなければならないのが月の節入りです。節入りは、気候の変わり目をあらわす「二十四節気」のうち、月初めにあるもので、気学では、その月の節入りの日から、次の月の節入りの前日までを一ケ月とします。したがって、節入りより前に誕生日があれば、前月の月命星になります。

節入りの日は次の通りです。二月…立春（二月四日前後）、三月…啓蟄（三月六日前後）、四月…清明（四月五日前後）、五月…立夏（五月六日前後）、六月…芒種（六月六日前後）、七月…小暑（七月七日前後）、八月…立秋（八月八日前後）、九月…白露（九月八日前後）、十月…寒露（十月八日前後）、十一月…立冬（十一月七日前後）、十二月…大雪（十二月七日前後）、一月…小寒（一月六日前後）。

これからも分かるように、昭和五十三年八月生まれでも、誕生日が四日であれば立秋以前の生まれですから、七月の三碧木星が月命星となります。

気学で見る性格判断

自分の性格をよく知っているつもりでも、自分では意外に知らないもの。人から言われて気づくことも多いものです。

性格とは、その人が生まれつき持っている感情や意志などの傾向であり、その人特有の行動の仕方、考え方といえます。

もちろん性格は一人ひとり違い、十人十色、千差万別ですが、九星気学で性格を知ることもできます。「気質」という言葉があるように、その人の身に備わった性質、つまり「気」の質は、九星それぞれに傾向が異なり、そこから基本的な性格を分析することができるのです。また、性格の傾向によって、恋愛や仕事の特徴も分かります。

とは言え、人の性格は単純に九つに分類できるものではありません。したがって、生まれた年の本命星だけでなく、生まれた月の月命星も参考に判断するようにしてください。本命星で大まかな性格を把握してから、月命星を用いて、さらに細かい性格を見るとよいでしょう。

一般に、生まれつきの性格は、生涯変えることができないものと考える人が多いようです。しかし、性格を知ることで、人格を変え、人生が変わるといっても過言ではありません。

たとえば、自分では内気な性格だと思っていても、本命星や月命星が示す基本的な性格に「明朗さ」があらわれていれば、それを意識して明るく振る舞うことで、本来の自分らしさが出てくるでしょう。

逆に、積極的な性格の人は、その長所を伸ばし、基本的な性格にあらわれた「冷静さ」を意識して行動すると、人柄に落ち着きが加わって、周りからの信頼がより高まるかもしれません。

このように、性格を知るということは、人生を切り開く第一歩といえます。まず、この章を読み、自分の生まれ持った性格を知りましょう。

一白水星

基本的性格

どんな形の器にもなじむ水のように、周囲の人や環境に柔軟に適応でき、人当たりのよい人です。

内気そうに見えても、じつは陽気でにぎやかなことが好きで、社交上手といえるでしょう。何事にも細やかな気遣いを見せ、世話好きで愛嬌もありますから、自然と人気運に恵まれます。

実行力があり、表現力にも富んでいるので、駆け引きにも強いタイプです。

ただ、プライドが高く、人の意見や忠告を聞かない頑固な一面も。交際範囲が広く友だちは多い割には、心を許せる親友や相談相手が少なく、一人で悩む傾向があります。

また、自分勝手な言動をとる反面、付き合う相手に影響されやすいのも一白水星の人の特徴です。

恋愛の特徴

親切で社交的、黙っていても異性を引きつけるタイプです。広く浅くつきあい、恋多き人生を歩みますが、冷静な性格ですから、恋におぼれるようなことは少ないでしょう。

一気に燃え上がるタイプではありませんが、一度相手に心を開くと、のめり込んでしまう面も。情にもろいところもありますから、結局は感情が優先になって相手に尽くします。

そのため、嫉妬や独占欲が強くなったり、自分の気持ちを一方的に押しつけてしまいがちなのも、この星の人の特徴です。

結婚観はしっかりしていて、地位や肩書、経済力や知性、外見など、人一倍の相手を望みます。

ドラマチックな激しい恋やシークレットラブよりも、周囲に応援される恋愛をして、祝福されて結婚するオーソドックスなパータンが合っています。

仕事の特徴

柔軟性があり、適応能力が高い一白水星の人は、どんな分野の職業でも活躍できます。

とくに、企画力や表現力を必要とする業務、仕事の状況が刻々と変わり、臨機応変さが求められる職業が適しています。また、社交性や明るい人柄、積極性を生かせる仕事などに就くと、持ち味を発揮して大きな成果をあげるでしょう。

ただし、才能があるだけに、スタンドプレーに走って周囲のペースを乱したり、功を焦ってかえって信用をなくしてしまう恐れがあります。

事務系や技術関係、同じ仕事を単調に繰り返す職業には向いていません。

一白水星の人の適職は、企画関係の業務、セールスマン、タレント、モデル、コンパニオン、花屋、獣医、冠婚葬祭業、衛生検査技師、書家、コピーライター、印刷業、レストラン経営などです。

二黒土星

基本的性格

「母なる大地」のように、親切温和で思慮深い努力型です。人から見られていなくても、よく働き、その真面目さが認められます。

また、堅実で派手なところがなく、縁の下の力持ちのタイプ。面倒見がよく、困っている人がいると見過ごせず、人から頼まれると断れないのも二黒土星の人の特徴です。

反面、気が小さく決断力に乏しいため、企業のトップや組織のリーダーには向きません。ナンバー2の立場になれば、長所の粘り強さと細やかな心配りを発揮して、最高の補佐役になれるでしょう。

人の意見に左右されず、雰囲気に流されることもありませんが、お世辞を言うのが苦手で、社交上手とはいえない性格でもあります。

恋愛の特徴

内気で恥ずかしがり屋のため、恋愛には少々不器用。積極的なアプローチも苦手で、派手さが見えない分、内にはかなり激しい情熱を抱えています。

それだけに、一度失敗すると恋愛恐怖症になることも。時間をかけ、誠実な人柄を理解してもらうことで、恋愛が成就します。

また、いざとなると相手の細かい欠点が目についたり、取り越し苦労をしたりして、二黒土星の人の恋愛は意外に現実的です。

最初は遊びのつもりでも、やさしさが先行する傾向があるので、最後には真面目な恋愛からそのままゴールインという優等生パターンが多いでしょう。

女性なら愛情細やかで、夫や子どもに尽くす良妻賢母に。派手な大恋愛とは無縁ですが、堅実な幸福をつかみます。若いころから年配者に好かれ、親戚づきあいも上手にできるタイプです。

仕事の特徴

真面目で堅実、コツコツと陰日向なく働くタイプで、上司や目上に引き立てられ、思わぬチャンスを得ることも多いでしょう。

若いうちに技術や資格を取得して、専門的な職業に就くと、中年期になってそれまでの地道な努力が実を結び、晩年まで充実した生活が送れます。

ただし、気ままな傾向もありますから、普段の精進が大事。なるべく早い時期に将来の方向性を決めた方が賢明です。

庶民的な職業や職場に向いていて、新しく開発する仕事、事務系や工業技術系には向きません。

二黒土星の人の適職は、主婦、保育士、看護師、秘書、料理研究家、食料品店、衣料品店、ケーキ屋、アンティークショップ経営、陶芸家、シルバー産業、不動産業、土木建築業、米屋、農業、医者であれば産科医・胃腸科医などです。

三碧木星

基本的性格

陽気で行動的な性格で、男女を問わず、負けず嫌いで独立心が強いでしょう。勘も鋭く、一を聞いて十を知るタイプです。

失敗しても、すぐに思考を切り替え、見事に方向転換できます。情報に敏感で仕事もバリバリこなし、人の世話までも買って出る、まさに現代を生きる能力に恵まれている人といえます。

しかし、優れた長所ほど一転して短所になるもの。短気で怒りっぽく、見栄っぱりで、一見強く見えますが内心は臆病なところがあります。そのため、軽挙妄動になりがちで、「建前ばかりで本音なし」になりかねません。

元来は正義感が強く正直な性格ですから、短所をよく自覚し、長所への転換を図りましょう。

恋愛の特徴

積極的で好奇心の旺盛な三碧木星生まれの恋愛は、「当って砕けろ」のパターン。好きになると一途で、恋の駆け引きなど考えず、ストレートにアタックする情熱的なタイプです。

はつらつとした魅力が周囲をひきつけ、ラブチャンスにも数多く恵まれます。

ただ、飽きっぽく、あまりに率直すぎてデリカシーに欠ける点もあります。そうした言動が、周囲からは、わがままでマイペースな人と思われがちで、大人の恋は苦手です。物事にこだわらず、包容力のある相手が理想的でしょう。

婚期は早い方です。恋愛では子どもっぽい面がありますが、いざ結婚すると、冷めることのない保護者的愛情で相手を包み込み、明るくにぎやかな家庭を築きます。女性の場合は、口うるさい妻にならず、甘え上手になることが、夫婦円満の秘訣です。

仕事の特徴

向上心が強く、時代を読む鋭い感覚があり、頭の切り替えの早い三碧木星の人は、若いうちから頭角をあらわす人が多いでしょう。

明るい社交性のある性格と、エネルギッシュな活動力を生かせる職業に就くと、持って生まれた才能を十分に発揮することができます。

ただし、才知に走り、独断的で、共同作業が苦手。周囲から浮いた存在になることが多いのも、このタイプです。どんな仕事でも自分の立場をわきまえ、謙虚さと協調性を忘れずに。周囲との調和を図りながら、着実に自分の道を進みましょう。

三碧木星の人の適職は、編集者、アナウンサー、ジャーナリスト、ミュージシャン、通訳、マスコミ・メディア・広告関係、エアロビクスインストラクター、噺家、電気通信技術者、ＩＴ関連などです。学術関係や経理関係には向きません。

四緑木星

基本的性格

爽やかな人柄で、周囲の人の心を和ませる四緑木星生まれ。その場に応じた気配りができ、人に尽くす社交派の人が多いでしょう。

物腰が柔らかく、しかも純情でチャーミングですから、おのずと交際は広がり、人から愛され、信用や名誉も自然についてくる恵まれた性格です。

反面、その苦労知らずが、落とし穴になることもあります。油断すると移り気、横着、自惚れ、優柔不断など、不安定な一面が顔をのぞかせます。

とくに、迷いは禁物。「ここ一番」というときにぐずぐずしては、せっかくの好機を逃しかねません。決断力を磨くことが成功の秘訣です。

また、人が良すぎて、相手に合わせてしまうことも。自分の意見を主張することも必要でしょう。

恋愛の特徴

おだやかで洗練された雰囲気ですが、恋には情熱的なところがあり、好きになったら一直線。「遊びの恋」が苦手なタイプです。

男女とも、相手にやさしく、思いやりのあるパートナーとなれる人。友情から始まり、恋愛をして結婚にゴールインというパターンが多いでしょう。

反面、誰とでも気軽につきあえるため、周囲から八方美人と見られることも。親切が過ぎて、変に誤解される傾向もありますから注意してください。

また、優柔不断な一面が出て、肝心なときに道を決めかねることが多いのも四緑木星の人の特徴です。迷い心にとらわれていると、大事な本命や婚期を逃す危険もあります。

結婚後、男性は仕事面がさらに充実するでしょう。女性は、結婚するには最適な人で、理想の妻、母となって、幸せな家庭生活を送ります。

仕事の特徴

順応性と協調性のある四緑木星の人は、どんな環境にもすぐになじんで、分野を問わず幅広い活躍ができるでしょう。先輩や上司にも好感を持たれ、引き立てられます。

とくに、人当たりが良く社交的な性格から、営業職に就くと実績を上げることができます。また、調整能力に優れ、ファッション、旅行、交通・運送関係など、渉外関係の仕事で能力を発揮します。

ただ、人任せな面もありますから、責任ある立場になったとき、決断力や指導力が問われます。

積極的なので、行動力を生かせる職業に向いており、事務系や工業技術系には向きません。

四緑木星の適職は、俳優、ヘアデザイナー、スタイリスト、ブティック経営、貿易業、船舶業、ドライバー、ツアーコンダクター、運送業、製材製紙業、大工、建具屋、郵便局員、営業一般などです。

五黄土星

基本的性格

「帝王の星」といわれる五黄土星。この星生まれは、森羅万象・万物の支配も破壊も思うがままのパワーを持って生まれた人です。

それをフルに活用して、一国を動かすほどの大人物となるか、あまりの力に位負けして、世間に背を向けてひねくれ者になるかは、自身の心がけと教養次第といえるでしょう。

また、誠実で情愛深く、大きな度量と細心さをあわせ持ち、頼まれ事は嫌とはいえない生まれながらのリーダータイプ。目標達成のためには、どんな苦労があっても、強い信念ではね返す意志の人です。

反面、一歩横道に外れると、強情・高慢・理屈屋の偏屈者になってしまいかねません。生来のエネルギーをうまく使うことが、人生の重要課題です。

恋愛の特徴

プライドが高く、遊び上手と呼ばれるか無骨になるのか、どちらかのタイプに分かれます。

一度燃え上がるととことん惚れぬく情熱家でもあり、ロマンチスト。愛情深くて褒め上手の人が多く、つねに大恋愛の暗示です。

好きになった相手には、あの手この手の作戦でアプローチし、恋愛から結婚まで短期間で一気に進むのも五黄土星生まれの特徴といえるでしょう。

ただ、あまりの愛情過多に相手がついて来られないことも。自分のペースで、一方的に愛情を押しつけて、かえって嫌われる結果になりかねません。強すぎる独占欲も考えものです。

反面、相手にその気がないと分かったり、恋人との関係が終わったと感じたときには、意外に引き際はあっさりしていて、すぐに次の新しい恋にチャレンジしていきます。

仕事の特徴

自立心の強い五黄土星生まれは、人の上に立ち、旺盛な活動力と大胆な積極性を生かせる先達的な職業が向いているでしょう。

どんな環境や分野でも、持ち前の精神力と強い責任感で、人一倍の働きをします。

とくに、目標を定めたときの集中力はすばらしく、リーダーシップを発揮し、計画の実現や達成に向かって突き進んでいきます。そのため、自分の考えを押し通そうとする面もあります。強引な態度を控えて、周囲の人との調和を大切にすれば、仕事もスムーズに進み、運気も上昇します。

五黄土星の人の適職は、教師、政治家、弁護士、評論家、公務員、金融業、医師、プログラマー、技術者、トリマー。どちらかというとサラリーマンよりフリーランスの方が実力を発揮できます。学術研究などには向いていません。

六白金星

基本的性格

六白金星生まれは、父性的な資質を持っています。そのため、女性であっても性格は男性的で、独立心も行動力も旺盛です。

男女とも、強靭な意志と聡明さをあわせ持ち、弱きを助け強きをくじく親分肌のタイプ。バカ正直で直情型で、お愛想も上手ではありません。

また、短気で負けず嫌い、人一倍プライドの高い人が多いでしょう。権力や規制には断固反発し、完璧主義で妥協がない頑固な面もあります。

エネルギッシュな反面、気品があり、孤高の人と思われがちなので、尊大な態度をとっていると生来の才能が開花せず、宝の持ち腐れです。大らかさとゆとりあるやさしさを心がけることで、長所が発揮され、チャンスもつかめます。

恋愛の特徴

常識派で、いたって真面目。仕事も遊びも真剣勝負なので、恋の駆け引きはやや苦手です。

まれに奔放なタイプに見えても、心のない恋愛をするような性格ではありません。相思相愛になれば、楽しい恋愛ができます。

気位の高さと完璧主義で恋のチャンスは少ないものの、クールな外見に秘めた情熱を理解してくれる人となら理想的な恋人同士になれるでしょう。ただし、情に流される面もありますから、同情心からつきあったり、結婚を決めるのは禁物です。

一度心に決めた人を末永く愛するのも、六白金星の特徴で、男性は結婚すると亭主関白になりがちですが、家族を大切にします。

女性は、独身時代は恋愛より仕事優先で、晩婚の人が多いですが、家庭に入るとしっかり者の世話女房に。幸せな家庭を築きます。

仕事の特徴

負けず嫌いな性格のため、仕事に没頭するタイプです。忍耐力や責任感もあり、知性を生かして、頭脳的に活動する職業に向いています。

とくに、専門的な知識を必要とする仕事、金銭面とともに精神的な充実感を得られる職業に就いたり、リーダーシップをとる立場になると、その能力を存分に発揮できるでしょう。

ただ、才能が豊かなだけに、周囲と協調できず、思うように評価されないことも。また、他の人の仕事ぶりに満足できずに、トラブルが生じることもありますから、人との調和を心がけてください。

六白金星の人の適職は、フライトアテンダント、証券アナリスト、フリーライター、映画監督、宝石デザイナーなどの貴金属や時計関係、教師、政治家、宗教家、ジャーナリスト、自動車関係などです。社交的な仕事や事務系には向きません。

七赤金星

基本的性格

よく動き、いつも陽気で朗らか、開放的な性格です。どんな環境にも適応でき、社交性も豊かですから、誰にでも好かれます。

多芸多才で、生まれつき器用な人が多く、目先もきくタイプ。人受けが良く、早くから目上の引き立てがあるでしょう。機知にあふれ、話し上手、人をそらさないのも七赤金星の特徴です。

ただし、口ほどに実行力がともわないと、お調子者と誤解されるので注意しなければなりません。

また、これといった大きな苦労もなく、悦びごとに恵まれる運命のため、つい自惚れが強くなり、自分には甘く、人には辛口のお説教をしがちです。口は災いのもと。甘えや軽薄に流れず、粘りと根気を養って人生の幸運をつかんでください

恋愛の特徴

仕事も恋愛も、どちらも楽しみたい七赤金星生まれ。話題が豊富で会話力もあり、人を喜ばせるサービス精神、洗練されたセンスなど、生まれながらに異性をひきつける魅力を備えています。

老若男女を問わず、社交範囲も広いので、当然、恋愛結婚で早婚の人が多いでしょう。

異性に対して、自分がフィーリングを重視する割には、相手には外見や学歴、肩書き、経済力など高い理想を求め、損得の計算も忘れません。

ただし、恋愛にのめり込むタイプで、一度好きになるとその人以外に見えなくなり、理性よりも感情に走りがちです。

七赤金星の人は、異性との出会いが、その後の人生に大きく影響する傾向がありますから、恋愛は慎重に。結婚も、異性を見る目ができてから、じっくり相手を見極めて選びましょう。

仕事の特徴

社交的でビジネス感覚もあり、相手の気持ちを読み取って的確な対応ができる七赤金星生まれは、有能な人材として一目おかれます。

ただ、飽きっぽいところがあり、若いうちは転職を重ねたり、同じ業界でも会社をかわったり、腰の据わらない人が多いでしょう。

たとえ、すぐに才能が認められなくても、地道な努力を続けることで実力が養われ、中年期からは仕事運が順調に。交友関係や人脈も広がり、上司や部下、周囲の人に恵まれます。

自分の考えで個性を生かせる芸能・芸術関係の仕事、知性を発揮できる職業に向いているでしょう。

七赤金星の人の適職は、タレント、歌手、ミュージシャン、ショービジネス一般、コピーライター、飲食店経営、栄養士、歯科医、銀行員、税理士、公認会計士、デザイナー、イラストレーターなどです。

八白土星

基本的性格

温厚な性格で意志が強く、真面目で仕事熱心、研究心も旺盛な八白土星生まれ。何でも丁寧かつ器用にこなす実直型です。

外見はソフトな印象ですが、内面はかなり頑固で融通のきかない面も。プライドが高くて我も強く、好き嫌いもはっきりしています。若くして出世できる素質を持ってはいても、強気の姿勢もほどほどにしないと運勢にも支障がでるでしょう。

金銭面では、几帳面で節約型。度が過ぎてケチに走る傾向がありますから注意してください。

また、女性は面倒見が良く、家庭的な人柄にもかかわらず、勝気と猜疑心が災いして良縁の機を逃すことも。柔軟さをもって、人との和を大切にすれば、実り多い人生を歩めます。

恋愛の特徴

素朴で地味な印象そのまま、やさしさや情熱を心のうちに閉じ込めてしまうタイプです。

心情を表に出せず、恋に恋してしまう傾向もあります。恋愛には慎重で、一目惚れや情熱的な恋とは縁がなく、交際するきっかけ作りや愛情表現も上手ではありません。ですから、好感を持った相手と時間をかけて、少しずつじっくりと理解を深めあっていくような恋愛が理想的です。

また、恋愛ではかなり奥手気味の八白土星生まれは、考え方も古風なせいか、適齢期で見合い結婚するパターンが多いでしょう。

反面、一度好きになると一気に燃え上がり、相手を独占し、嫉妬深い性格に変身することも。

結婚後は、男性は家庭を大切にする良き夫、良き父親になります。女性は、専業主婦として家庭を守ると、運気が開けます。

仕事の特徴

勤勉で努力家の八白土星の人は、根気や実直さが求められる仕事に適しています。

あまり器用さはありませんが、どのような分野の職業でも、自分の仕事に対して真面目に取り組みますから、その意欲が認められて、先輩や上司に引き立てられるでしょう。

とくに、中年期からは、長年培った実力が発揮でき、頭角をあらわします。次第に実績が評価され、社会的にも安定していく大器晩成型です。

ただし、人づきあいが苦手で、頑固な面がありますから、対人関係でトラブルが生じることも。我を張りすぎないように心がけてください。

八白土星の人の適職は、建築家、インテリアデザイナー、旅館業、ペンションオーナー、ホテルマン、レストラン・菓子屋経営、不動産業、教師、技師、経理士、税理士、宗教家、陶芸家などです。

九紫火星

基本的性格

九紫火星生まれは、真夏の太陽のように明るく華やかな個性派人間で、大胆な情熱家です。

感受性が豊かでファッションセンスも抜群、頭脳明晰、鋭い直感力と旺盛な行動力にあふれ、つねに目立つ存在といえます。

ただし、感情の起伏が激しく、このすばらしい長所も、移り気、軽率、派手な浪費、思いやりに欠ける利己主義、気分屋で負けず嫌いなど、短所として出てしまうことも少なくありません。そのため、孤立しがちな傾向もあります。

嫌なことにも目を背けず、自分の欠点を自覚することで長所も花開き、人望も集まるもの。反省と寛容、人との和を大切にすれば、おのずと運気も上昇し、美しい花を咲かせることが出来るでしょう。

恋愛の特徴

聡明な性格で頭の回転が早く、人の心をつかむのが上手。自分の個性や魅力、知的レベルの高さをアピールする術にも優れています。

お見合いでも恋愛でも、つねに恋の勝利者になるタイプですが、高い理想と移り気が災いして、気がつくと複数の人とつきあい、「友だち以上、恋人未満」ばかりということになりかねません。

恋愛のチャンスは人一倍多い星ですから、外見ばかりを重視するよりも、長くつきあえる「本命」をじっくり探すことが大切です。

また、早婚と離婚が多いのも、九紫火星生まれの特徴といえます。フィーリングの合う異性と出会って、一気に燃え上がり、相手のことを深く知らないうちに結婚しがち。ですから、恋愛結婚より見合い結婚がおすすめです。また、早婚より晩婚の方が幸せな結婚生活を送れるでしょう。

仕事の特徴

美的感覚にすぐれ、発想がユニークで、独特の感性を持っていますから、美容や芸術関係、出版や報道関係などの仕事に就くと、生まれながらの才能を存分に発揮できます。

ただし、好奇心が旺盛で、しかも多芸多才なため、やりたいことに何でも手を出し、器用貧乏になりかねませんから注意してください。

また、自分の実力を過信して、理想と現実のギャップが生じ、途中で仕事を投げ出してしまう傾向があります。一生の仕事を決めたら、困難があってもそれを乗り越え、着実に進みましょう。

九紫火星の人の適職は、作家、作詞家、エッセイスト、デザイナー、スタイリスト、メイクアーチスト、画家、イラストレーター、カメラマン、出版関係、新聞記者、教育家、評論家、運命鑑定家などです。学術研究や経理関係には向きません。

COLUMN

日本における気学の発達

推古天皇の時代、天皇への貢物として中国から朝鮮の百済を経由して持ち込まれた「天文術」「暦法」の中に、「八門遁甲方術」がありました。

この八門遁甲の術が伝わると同時に、戦いの戦術、戦略の書、兵法の書、築城の書（風水術）として用いられ、長い間、権力者に活用されてきました。

しかし、やがて時代が下って徳川家が政権を掌握すると、各地のそれぞれの国が保持していた兵法の書は全て集められ、焼き捨てられたのです。

そうした状況にあっても、これらの尊い秘伝などは書き写され、口伝によっても残されていきました。そして、これが天下泰平の江戸時代中期ころから民間に活用され、別の意義において用いられるようになったのです。

八門遁甲の術は、城の安泰より一家の安泰、一族の安泰に応用され、また、戦略より商売上の商法に活用されるようになり、以来、『九星術』あるいは『九星学』と呼ばれるようになりました。

これは明治時代にまで及び、大正に入って名称も新しく『気学』と称されるようになり、現在に至っています。最近では、気学は自然科学の観点からも研究され、新たな進歩を遂げつつあります。

第3章

相性を見てみよう

相性の見方

気学による相性判断

九星気学では、本命星や月命星という持って生まれた性質を利用して、相性を判断することができます。地球上の万物は、すべて五行（五気）と呼ばれる5つの性質（木・火・土・金・水）から成り立っているとされ、九星気学での相性判断は、この五行の配分によって判断されます。

この相性は、結婚などの男女間の相性に多く使われますが、友達同士や親子などの家族間の相性や、また、上司や部下の関係などの仕事上での相性にも活用できます。相性が分かると、よい・悪いだけでなく、どのような関係づくりをすればよいか、人との接し方が分かるようになります。

具体的には、二人の本命星、月命星、十二支の五行に基づく相生《そうじょう》、相剋《そうこく》、比和《ひわ》という相互関係から判断します。それぞれの詳しい言葉の意味や関係については、P88以降で説明しますが、簡単にまとめると、相生関係であれば相性は○（よい）、相剋関係では×（悪い）、比和の関係では△（悪くない）となります。相性判断の仕方は左記のようになり、番号順に優先順となります。

①本命星同士の相生、相剋を判断します。
②月命星同士の相生、相剋を判断します。
③自分の本命星と相手の月命星の相生、相剋を判断します。
④自分の月命星と相手の本命星の相生、相剋を判断します。
⑤生まれ年の十二支同士の相生、相剋を判断します。
⑥生まれ月の十二支同士の相生、相剋を判断します。
⑦自分の生まれ年の十二支と相手の生まれ月の十二支の相生、相剋を判断します。
⑧自分の生まれ月の十二支と相手の生まれ年の十二支の相生、相剋を判断します。

例

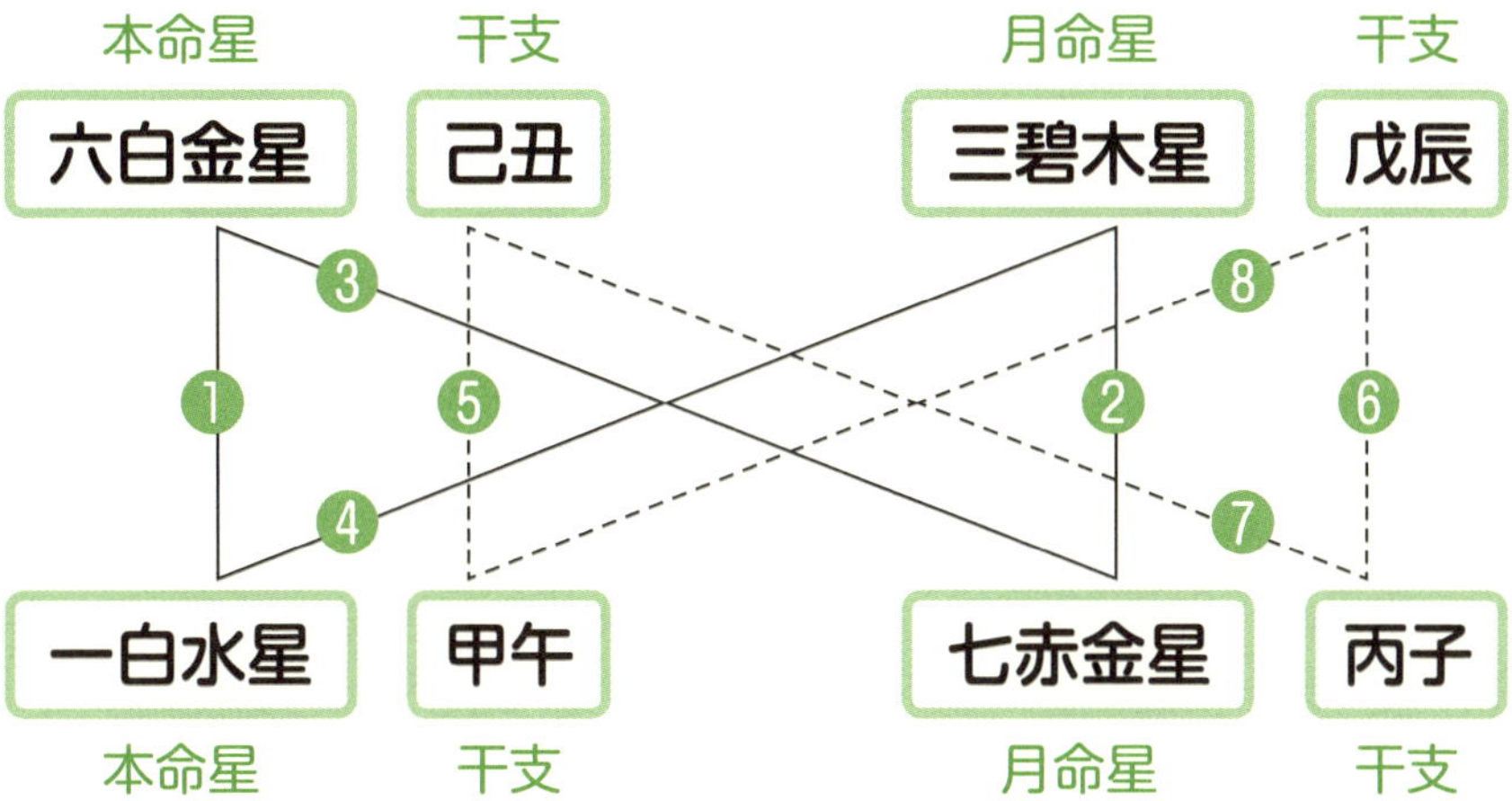

実際に相性判断の例を見てみましょう。上記の二人の相性を判断すると、左記の通りになります。「金生水」や「金剋木」など五行の相生・相剋を表す言葉が出てきますが、意味や判断の方法は次のページから詳しく説明しますので、まずは、どこを見て判断するのかを覚えてください。

①六白金星と一白水星の相性は、金生水の関係で○
②三碧木星と七赤金星の相性は、金剋木の関係で×
③六白金星と七赤金星の相性は、比和の関係で△
④三碧木星と一白水星の相性は、水生木の関係で○
⑤丑と午の相性は、火生土の関係で○
⑥辰と子の相性は、土剋水の関係で×
⑦丑と子の相性は、土剋水の関係で×
⑧辰と午の相性は、火生土の関係で○

よって、○が4つ、×が3つ、△が1つで、相性は比較的よいと判断できます。特に本命星同士の相性が金生水なので、六白金星の人が一白水星の人を支えてあげるとうまくいくでしょう。

五行の相生

五行には、木・火・土・金・水という5つの要素がありますが、これら五行同士には、相生（そうじょう）、相剋（そうこく）、比和（ひわ）という3つの関係があります。相生とは、お互いに力を与えてくれるよい関係を表しています。

・木は燃えて火を生み出す（木生火《もくしょうか》）。
・火は燃えて灰となり土となる（火生土《かしょうど》）。
・土は鉱物（金）を生み出す（土生金《どしょうきん》）。
・金（鉱物）は冷たくなり水を生み出す（金生水《きんしょうすい》）。
・水は草木の発育を助ける（水生木《すいしょうもく》）。

左図のように、木・火・土・金・水の順に、円状に並べた隣同士の関係は相生関係となります。相性を判断する上では、この相生関係があると、相性はよいと判断します。また、矢印の方向が力を与える方向になり、つまり、「木生火」の場合は、木が火に力を与える関係となります。

五行の相剋

一方、相剋とは、互いが傷付け合い、相手を剋する悪い関係を表しています。

・木は土の養分を吸い取る（木剋土《もくこくど》）
・土は水を濁らせる（土剋水《どこくすい》）
・水は火を消してしまう（水剋火《すいこくか》）
・火は金を溶かしてしまう（火剋金《かこくきん》）
・金（金属）は木を削る（金剋木《きんこくもく》）

左図のように、木・火・土・金・水の順に円状の並べた対角線同士の関係は相剋関係となります。相性を判断する上では、この相剋関係があると、相性は悪いと判断します。また、矢印の方向が傷つける方向になり、つまり、「木剋土」の場合は、木が土を剋する関係となります。

また、同じ五行同士の場合は、「比和（ひわ）」といい、関係は悪くないとされます。相性を判断する上でも、「比和」があれば悪くない関係とします。

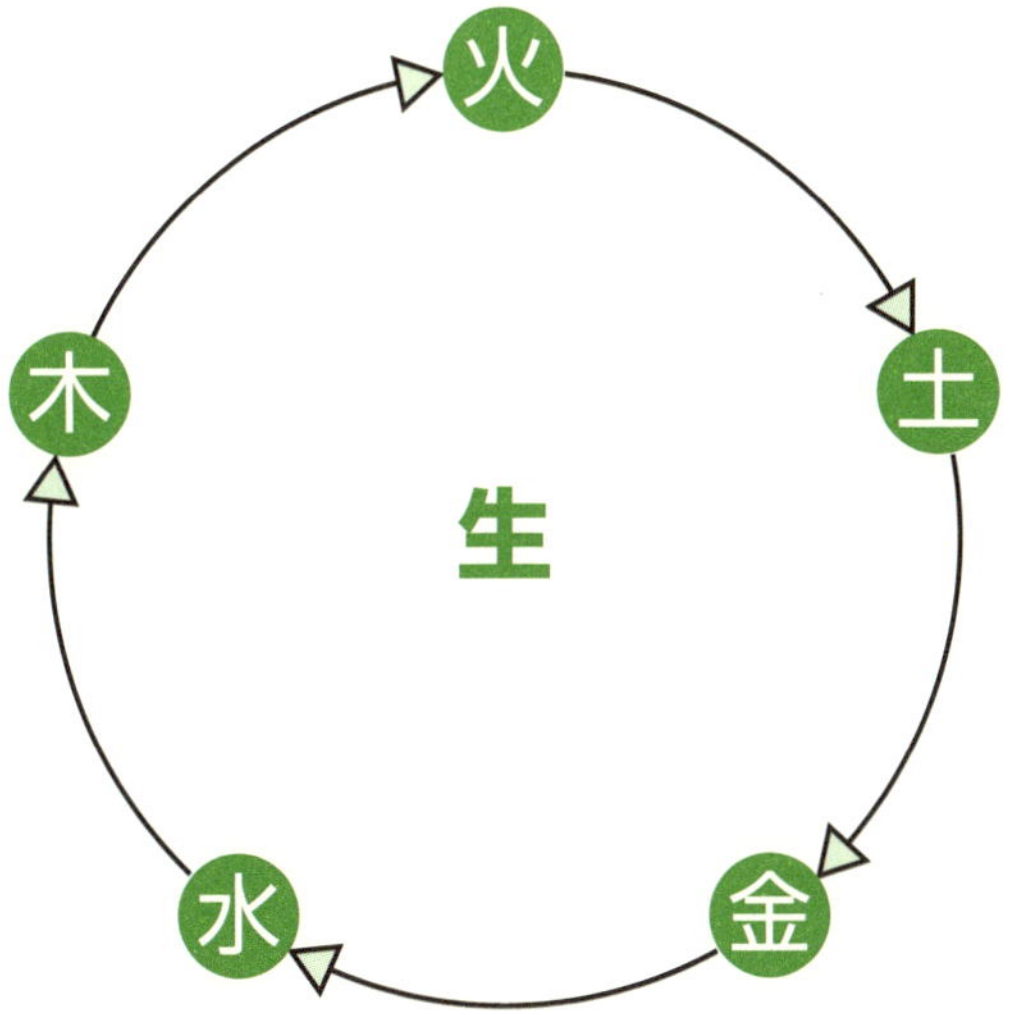

■相生（吉）

木は火を生じ（木生火）、
火は土を生じ（火生土）、
土は金を生じ（土生金）、
金は水を生じ（金生水）、
水は木を生じる（水生木）
という関係。

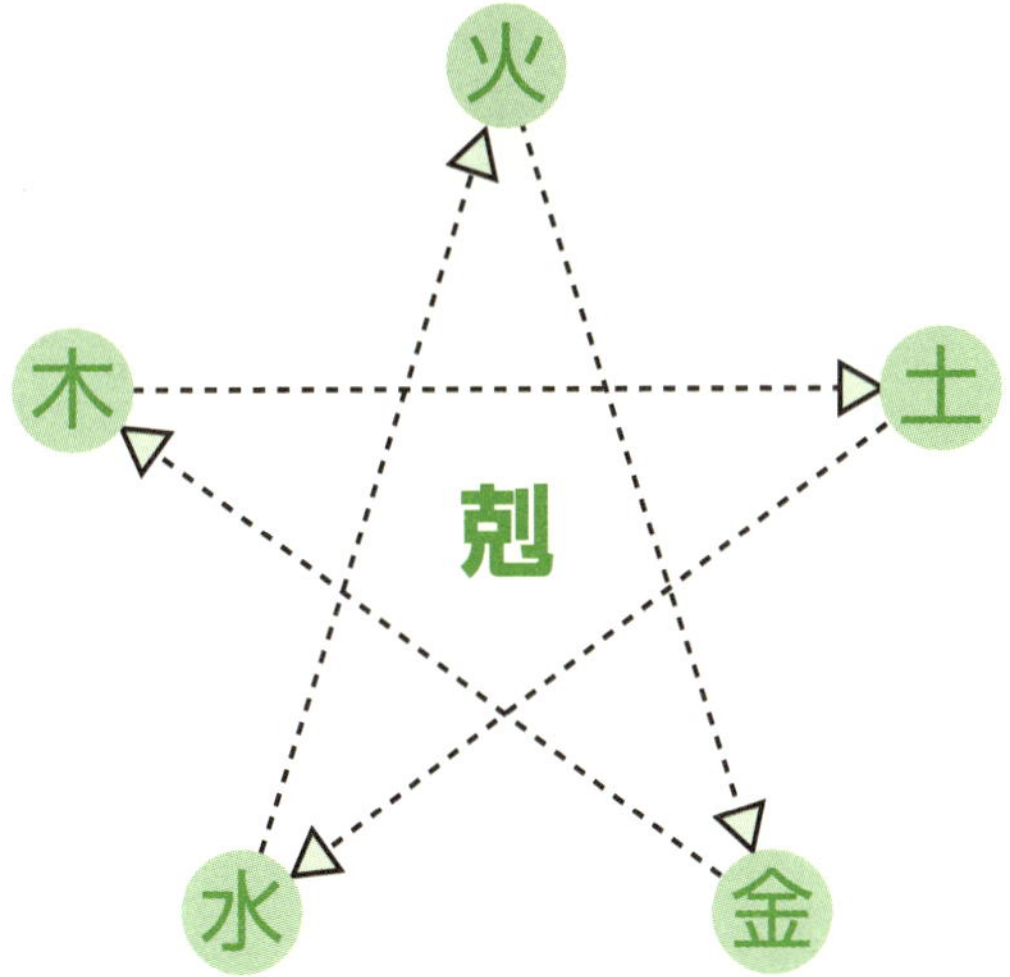

■相剋（凶）

木は土を侵食し（木剋土）、
土は水を濁らせ（土剋水）、
水は火を消し（水剋火）、
火は金属を溶かし（火剋金）、
金属は木を傷つける（金剋木）
という関係。

九星の五行について

五行は、九星にも配当されています。例えば、「一白水星」の五行配当は「水」で、二黒土星の五行配当は「土」です。九星の場合は、星の前に五行が記されています。P87で行った九星同士の相性判断は、この方法で判別していたのです。相性を判断するには、九星の五行を使い、相生・相剋・比和の関係を当てはめて、相性を判断するのです。それでは、実際に、P87の相性判断の例に沿って説明します。

まず、本命星同士の六白金星と一白水星の関係を見てみましょう。六白金星の五行は「金」なので、一白水星の「水」とは「金生水」の関係となります。つまり、六白金星が一白水星に力を与える関係で、相性はよいと判断できます。

次に、月命星同士の関係を見てみると、三碧木星の「木」と七赤金星の「金」なので、「金剋木」の関係となります。つまり、七赤金星が三碧木星を剋する関係となり、相性は悪いと判断できます。

続いて、本命星の六白金星と相手の月命星の七赤金星との関係を見てみましょう。七赤金星の五行は同じく「金」なので、「比和」の関係となり、相性は悪くない（中吉）と判断できます。

最後に、月命星の三碧木星と相手の本命星の一白水星の関係を見てみると、三碧木星の五行は「木」なので、一白水星の「水」とは「水生木」の関係となります。つまり、一白水星が三碧木星に力を与える関係で、相性はよいと判断できます。

このように、1つ1つの星同士の関係を見ていくとそれぞれの関係が明らかになってきます。相性を鑑定する場合には、本命星との関係を中心に、これらを総合的に判断していきます。

また、相生または相剋する、力の方向も大切です。どちらが、よい（悪い）力を与えているのかを理解することで、パワーバランスを知ることができ、よりよい人間関係が築けるヒントになるのです。

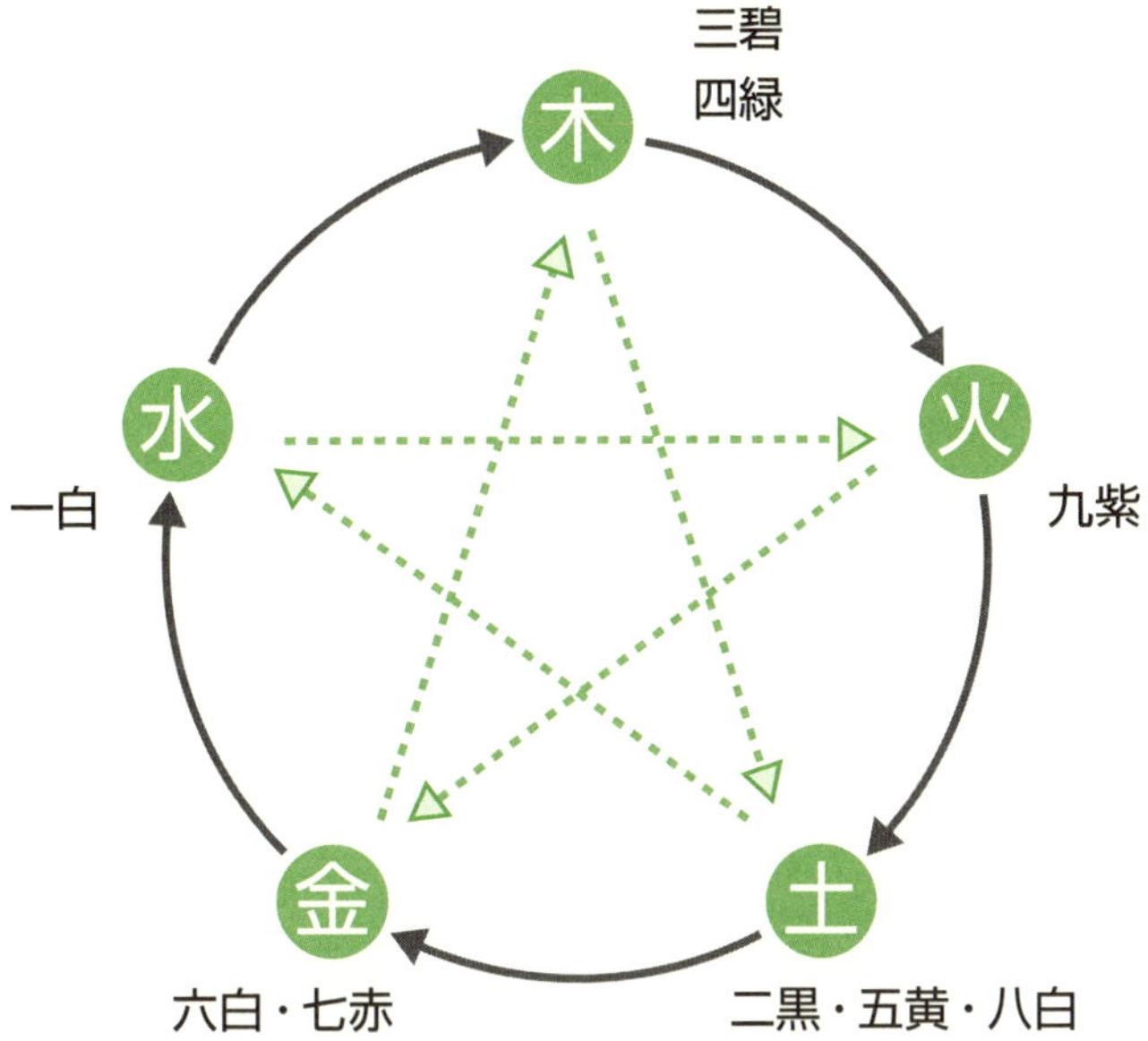

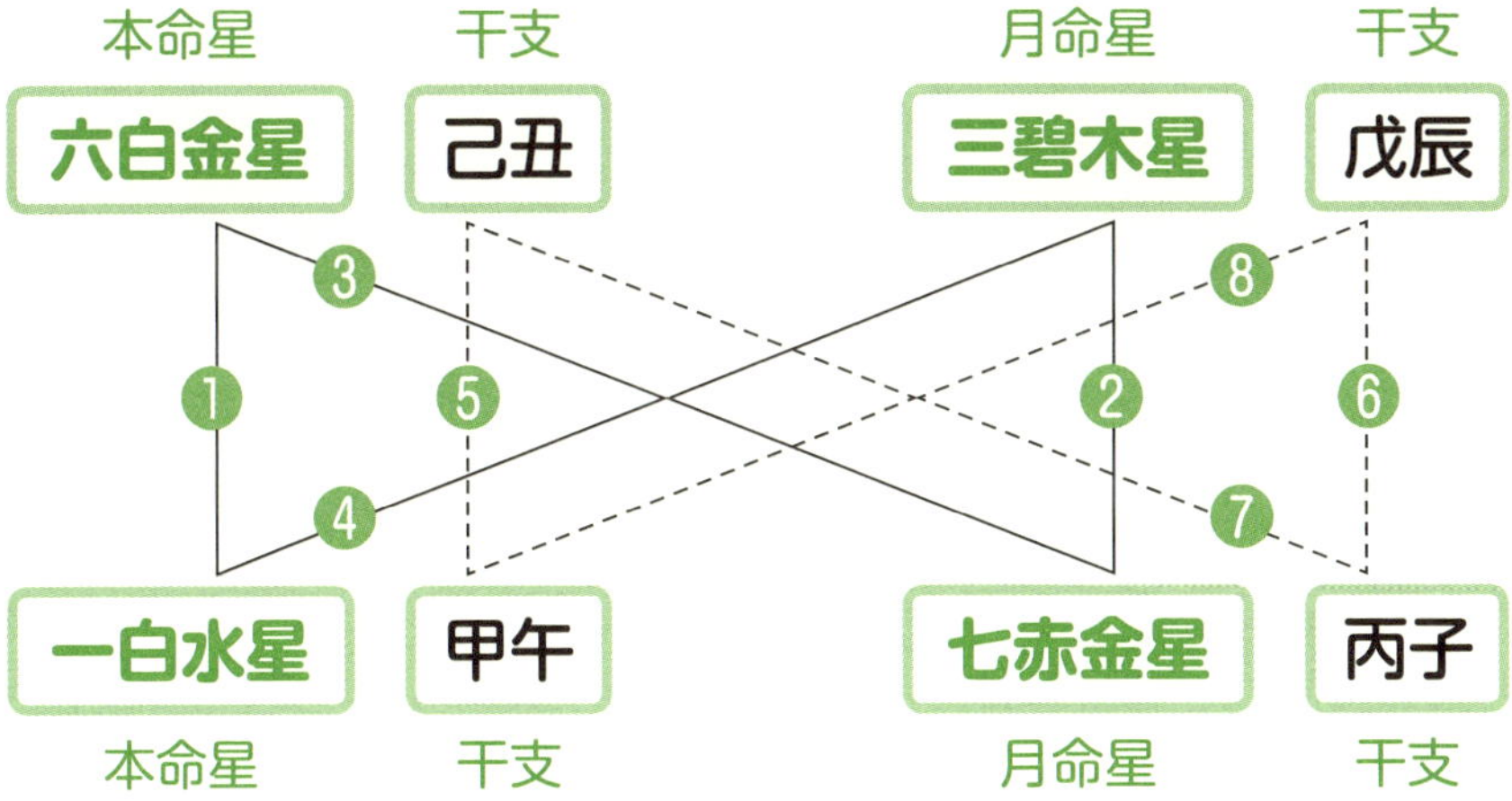

上の図の相生・相剋の関係を見ながら、生まれ年、生まれ月の九星同士の相性を判断します。

十二支について

年賀状などでなじみも深いと思いますが、十二支《じゅうにし》とは、「子《ね》」、「丑《うし》」、「寅《とら》」、「卯《う》」、「辰《たつ》」、「巳《み》」、「午《うま》」、「未《ひつじ》」、「申《さる》」、「酉《とり》」、「戌《いぬ》」、「亥《い》」の十二種類からなります。一般的には、十二歳を「ひと回り」とするなど、生まれ年を表現するのに使われています。しかし、実はこの十二支は、年だけでなく月や日にも配当されています。

月への配当は毎年決まっていて、12月から「子」、1月は「丑」、2月は「寅」、3月は「卯」、4月は「辰」、5月は「巳」、6月は「午」、7月は「未」、8月は「申」、9月は「酉」、10月は「戌」、11月は「亥」と順番に配当されます。日も順番に配当されており、暦を見ると日ごとに十二支が配当されていることが分かります。相性を判断するにも、本書では、年月までですが、専門家が詳しく見る際には、生まれ日までの十二支を判断材料として使います。

十二支の五行について

九星と同様に、十二支にも五行が配当されています。子が「水」、丑が「土」、寅が「木」とそれぞれ、左の図のようになっています。そして、相性を鑑定するには、生まれ年、月の十二支に配当された五行を使って、九星同様、五行同士の相生、相剋、比和の関係で判断します。

それでは、左の配当表と例を見てみましょう。生まれ年の丑の五行は「土」なので、午の「火」とは「火生土」の関係となります。つまり、午が丑に力を与える関係で、相性はよいと判断できます。

また、生まれ月の辰の「土」と子の「水」は、「土剋水」の関係となり、辰が子を剋する関係となり、相性は悪いと判断できます。同様に、丑の「土」と子の「水」も「土剋水」となり相性は悪く、辰の「土」と午の「火」は「火生土」となり相性はよいと判断されます。

十二支の配当表

十二支	よみ	五気
子	ね	水
丑	うし	土
寅	とら	木
卯	う	木
辰	たつ	土
巳	み	火
午	うま	火
未	ひつじ	土
申	さる	金
酉	とり	金
戌	いぬ	土
亥	ゐ	水

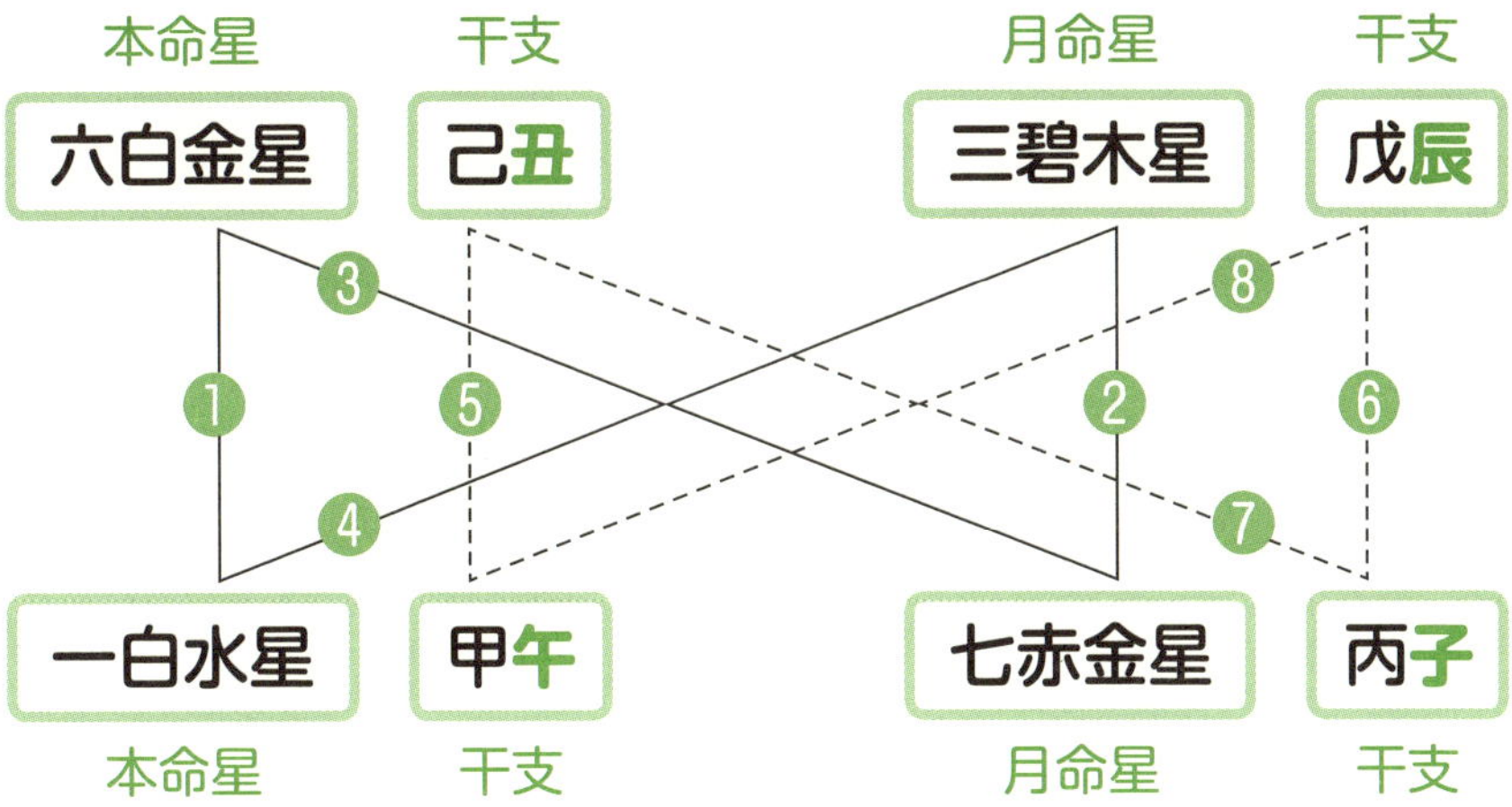

上の図で干支の五行を調べ、相生・相剋の関係（前ページの図）で生まれ年、生まれ月の干支の相性を判断します。

その他の参考となる要素

十干について

ここからは、本書では詳しく触れませんが、専門家が相性を詳しく鑑定する際に、参考とする要素を見てみましょう。

まず、甲（きのえ）、乙（きのと）、丙（ひのえ）、丁（ひのと）、戊（つちのえ）、己（つちのと）、庚（かのえ）、辛（かのと）、壬（みづのえ）、癸（みづのと）の十種類からなる十干（じっかん）です。この十干も十二支同様、九星気学においては、重要な要素のひとつです。暦を見ると分かりますが、十二支と組み合わせて、年、月、日に配当されています。

その十二支と十干の組み合わせが、「甲子（きのえね）」、「丙午（ひのえうま）」などの六十干支（ろくじっかんし）です。文字通り六十年で一周することから、「還暦」の語源ともなっています。

十干の五行について

十干も十二支同様、五行が配当されています。甲（きのえ）が「木の兄（え）」で「木」、乙（きのと）が「木の弟（と）」で同じく「木」です。つまり、読み方に五行が隠されています。専門家が詳しく見る相性判断では、この十干の五行の関係も考慮して判断します。判断方法は、十二支と変わりませんが、最終的な相性判断が複雑となるため、本書では方法例としてのみ、左の配当表と例で紹介します。

生まれ年の己の五行は「土」なので、甲の「木」とは「木剋土」の関係となります。つまり、甲が己を剋する関係で、相性は悪いと判断できます。同様に、生まれ月の戊の五行は「土」で、丙の「火」とは「火生土」の関係となり、丙が戊に力を与えるよい関係です。続いて、己の「土」と丙の「火」も「火生土」となり相性はよく、戊の「土」と甲の「木」は「木剋土」となり相性は悪いと判断されます。

十干の配当表

十干	よみ	五気
甲	きのえ	木
乙	きのと	
丙	ひのえ	火
丁	ひのと	
戊	つちのえ	土
己	つちのと	
庚	かのえ	金
辛	かのと	
壬	みづのえ	水
癸	みづのと	

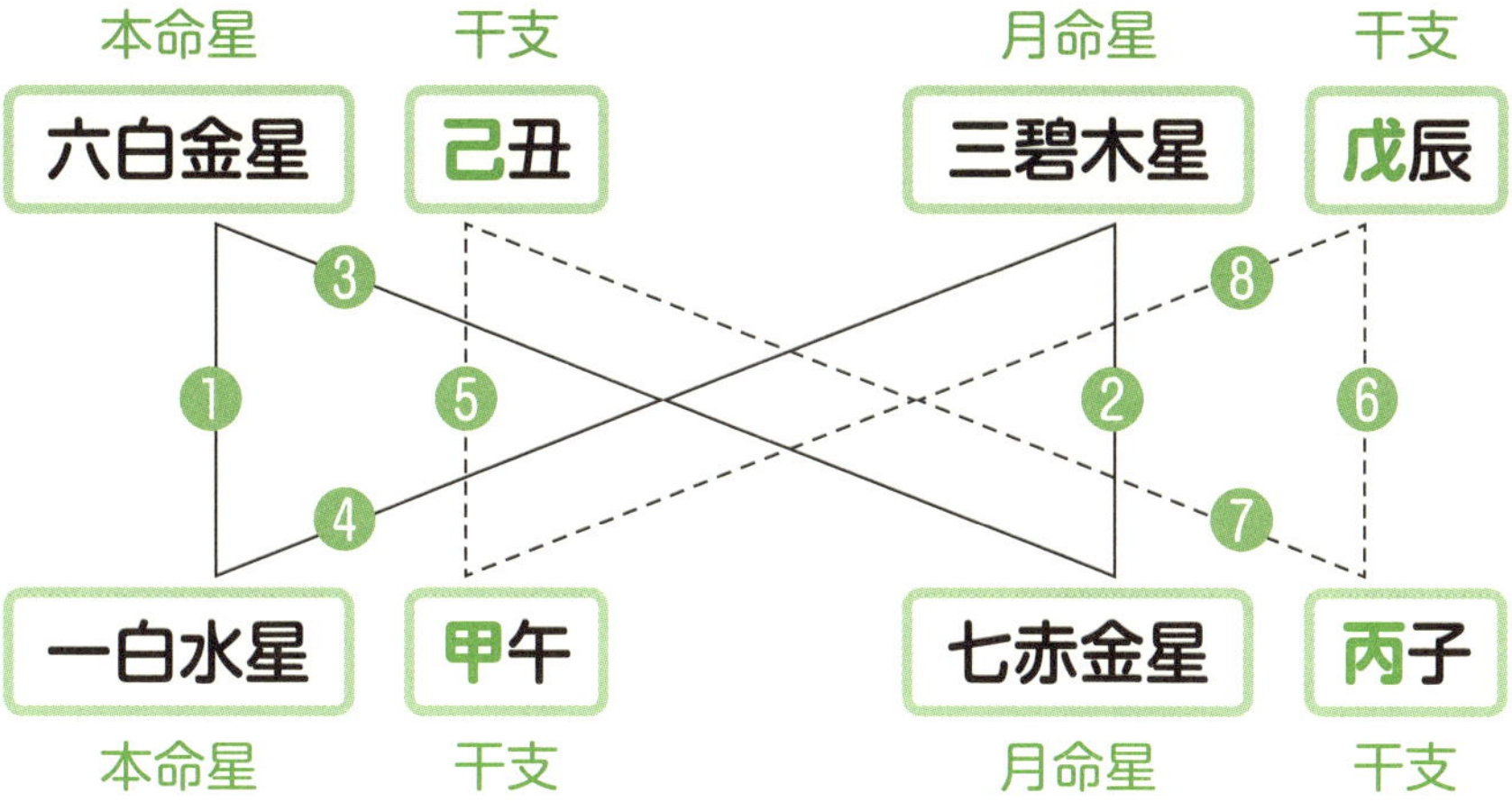

前ページの十二支同様、十干の五行の相生・相剋の関係を使い、さらに詳しい相性を判断します。

三合について

九星の相生・相剋のように、十二支にも吉凶関係があります。その一つが「三合（さんごう）」で、結合、協調などを意味する吉の関係です。

十二支も陰陽に分けられ、四つおきの三つの陽支同士、あるいは三つの陰支同士は相性のよい吉の関係にあるとされています。

これに基づいて、陽支同士の「子－辰－申の三合」（水局の三合）、「寅－午－戌の三合」（火局の三合）、陰支同士の「亥－卯－未の三合」（木局の三合）、「巳－酉－丑の三合」（金局の三合）の四つの組み合わせがあります。

たとえば、「子－辰－申」のうち「子－申」のように二つの支が出会うことを「半会（はんかい）」といい、協力して力を与え合うよい組み合わせとされます。さらに、「三合」の三つの支がそろえば、とても相性のよいグループとなります。

三合（さんごう）

子―辰―申（水局）、亥―卯―未（木局）、寅―午―戌（火局）、巳―酉―丑（金局）
例：子の人は辰の人とも申の人とも相性OK、辰の人は子の人とも申の人ともOK……というように仲良し3人グループ

支合について

十二支があらわす吉凶関係には、もう一つ「支合（しごう）」があります。「支合」は、十二支のうち陽支と陰支の二つが影響し合う吉の関係で、支え合う、協調するといった意味があります。

たとえば、陽支の「子」と陰支の「丑」は、相性のよい組み合わせとなります。

このように「支合」には、「子－丑」「寅－亥」「卯－戌」「辰－酉」「巳－申」「午－未」の六つの組み合わせがあり、いずれも二つが結びつくことで発展性が生まれます。恋愛や結婚以外でも、お互いに協力し合える関係が築けるでしょう。

男女の相性を見る場合は、それぞれ二人の生まれた日の十二支同士が「支合」しているかによって相性を判断します。したがって、九星では凶の相性の恋人同士や夫婦でも、十二支では吉で相性がよいということもあります。

支合（しごう）

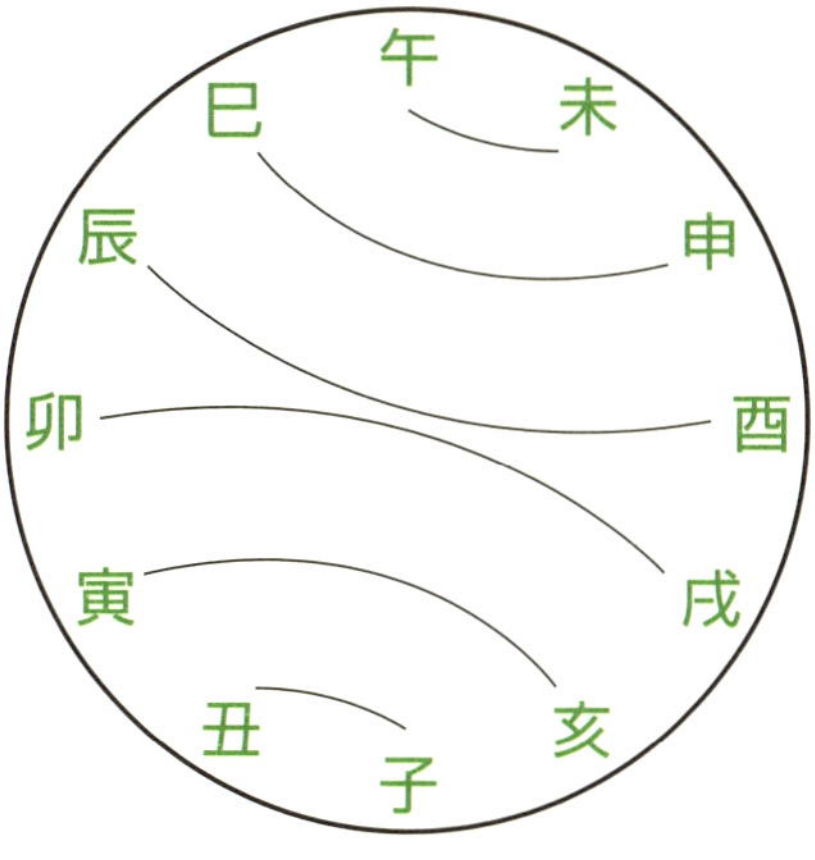

午と未の人は相性OK、卯と戌同士も
相性バッチリというように大吉ペア。

それぞれの陰陽のバランス

気学では、五行（五気）とともに「陰陽（いんよう）」が根本原理になっています。陰陽とは、すべての事象は陰（いん）と陽（よう）からなり、それらが調和し合って万物を生成しているという思想です。つまり、宇宙の事物すべては、「陰」と「陽」の相反する二つに分けることができるとされます。

したがって、十干、十二支にも陰陽があります。左の表のように、十干では同じ木性でも甲は「陽」、乙は「陰」に分かれます。同様に火性、土性、金性、水性も陰陽に分けられ、甲・丙・戊・庚・壬は「陽」、乙・丁・己・辛・癸は「陰」とされます。

また、十二支では、同じ「水」でも子は「陽」、亥は「陰」に分かれています。同様に「木」「火」「土」「金」も陰陽に分けられ、子・寅・辰・午・申・戌は「陽」、丑・卯・巳・未・酉・亥は「陰」となります。十二支で相性のよい吉の関係をあらわす「三合」や「支合」も、この陰陽のバランスが基本となっているのです。

相生・相剋における吉凶の関係にも、陰陽の調和、不調和は重要な作用を持っています。たとえば、本命星同士の六白金星と一白水星は相生の関係にありますが、たとえお互いに力を与えてくれるよい関係の相生であっても、陰陽が不調和であれば、理想的な吉とはいえません。

逆に、互いが傷付け合う相剋の関係でも、陰陽によってはうまくいく場合や、悪い中にも不幸中の幸いとなる場合があります。これは、陰陽が調和していると凶作用が軽減されるためといえます。

このように陰陽によって吉凶が変わる場合がありますから、専門家は陰陽をもとに全体のバランスを見て、吉凶の判断材料とします。吉とされる相生で、しかも陰陽が調和していれば、さらに相性がよい大吉の関係と判断するわけです。このことからも、陰陽がいかに重要か分かるでしょう。

陰陽の一覧

木性	○	甲《きのえ》
	●	乙《きのと》
火性	○	丙《ひのえ》
	●	丁《ひのと》
土性	○	戊《つちのえ》
	●	己《つちのと》
金性	○	庚《かのえ》
	●	辛《かのと》
水性	○	壬《みづのえ》
	●	癸《みづのと》

水	○	子《ね》
土	●	丑《うし》
木	○	寅《とら》
木	●	卯《う》
土	○	辰《たつ》
火	●	巳《み》
火	○	午《うま》
土	●	未《ひつじ》
金	○	申《さる》
金	●	酉《とり》
土	○	戌《いぬ》
水	●	亥《い》

○	乾《けん》
●	兌《だ》
●	離《り》
○	震《しん》
●	巽《そん》
○	坎《かん》
○	艮《ごん》
●	坤《こん》

○……陽性

●……陰性

実際に書いてみよう

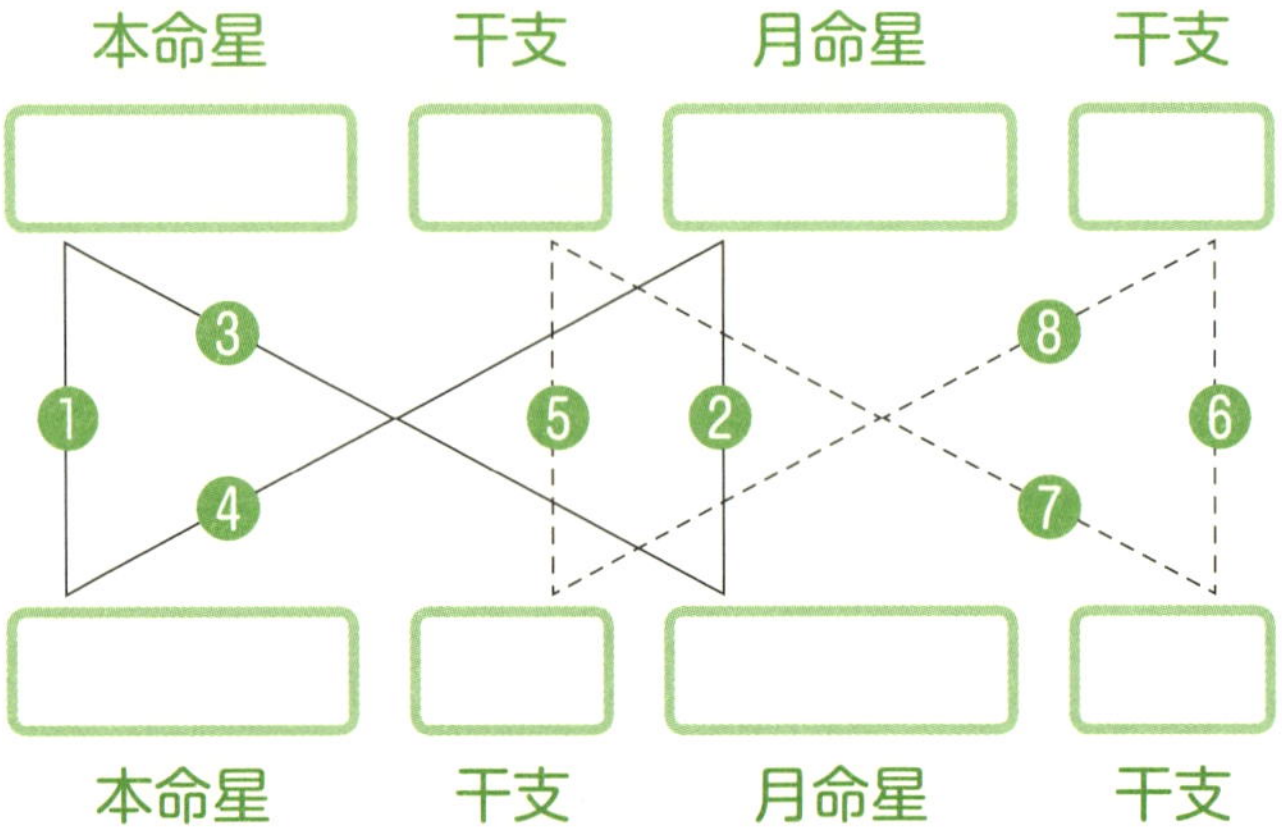

❶本命星同士の相性は

❷月命星同士の相性は

❸本命星と相手の月命星の相性は

❹月命星と相手の本命星の相性は

❺生まれ年の十二支同士の相性は

❻生まれ月の十二支同士の相性は

❼生まれ年と相手の生まれ月の十二支の相性は

❽生まれ月と相手の生まれ年の十二支の相性は

全体の○や×の数を見て、相性を判断しましょう。

第4章

引っ越しや旅行の吉方位を見てみよう

吉方位を見てみよう

吉方位とは

旅行先で事故にあったり、引っ越してから家庭内にもめ事が増えたり、あるいは少し離れた売場で買った宝くじが当たったり、参加した飲み会で素敵な異性に出会ったり…。

これらはあなたが何か行動した時の方位の吉凶が関係しているのかもしれません。

自分が日常暮らしている場所から、行きたい方角が吉方位であればよいことが、凶方位であれば悪いことが起きるという考え方が、方位の吉凶を判断するベースとなります。

方位は開運を導く鍵となるもの。運気を上昇させる吉方位を進んで取り入れ、悪い影響をもたらす凶方位を避けるようにすることで、幸運を呼び込み、災いを遠ざけることができます。

吉方位や凶方位は、生まれた年や月で決まる本命星や月命星から導き出されるものなので、人それぞれ異なります。夫にとっては吉方位でも、妻にとっては凶方位になることもあります。

また凶方位でないことが前提ですが、本命星と月命星の九星どちらとも相生（お互いに力を与えてくれるもの）・比和（同一五行のもの）の関係にある九星が運行している方位が吉方位。つまり、九星はつねに定位盤上を運行し、とどまっているわけではありませんから、吉方位も同様に移動することになります。たとえば、今年の吉方位が来年の凶方位になることもあるのです。そのため、前もって吉凶を判断することは大切であり、行動を起こす際によい方位、悪い方位を見ておくことが重要になります。

南の吉方、西北の吉方など、同じ吉方位でも使った方位によって、現象や出来事は違ってきます。なぜなら、九星は八方位を運行しており、それぞれに意味があるからです。

吉方位の求め方

　吉方位を知るには、まず生年月日から本命星と月命星を調べ、それぞれ相生・比和の関係にある九星を求めます。

　九星には、Ｐ16で説明した通り一白水星、二黒土星、三碧木星、四緑木星、五黄土星、六白金星、七赤金星、八白土星、九紫火星があります。

　相生関係とはお互いに力を与えてくれる関係で、たとえば「水」にとっての「木」と「金」、「火」にとっての「木」と「土」などの関係がそれにあたります。比和の関係とは同じ五行同士の関係で、「木」と「木」や「金」と「金」などがそれにあたります。相生も比和も、お互いに好影響を及ぼし合う関係です。（Ｐ89図参照）

　たとえば、六白金星は「金」ですから、「水」と「土」と相生関係となります。「水」と「土」に分類されるのは、一白水星、二黒土星、五黄土星、八白土星の四つ。六白金星はこれら四つの九星と、吉効果をもたらす関係にあるといえます。

　自分の生まれた年の九星である「本命星」、生まれた月の九星である「月命星」は人によって異なり、一生変わることはありません。それぞれについて、相生・比和の関係にある九星を割り出します。それらの中で、本命星、月命星に相生あるいは比和する九星が運行している方位が吉方位となります。

　注意すべきは、立春より前に生まれた人はその前年の九星になるということ。気学の考え方として、一年の区切りは元日から大晦日ではなく、立春に始まり節分に終わるとしているからです。

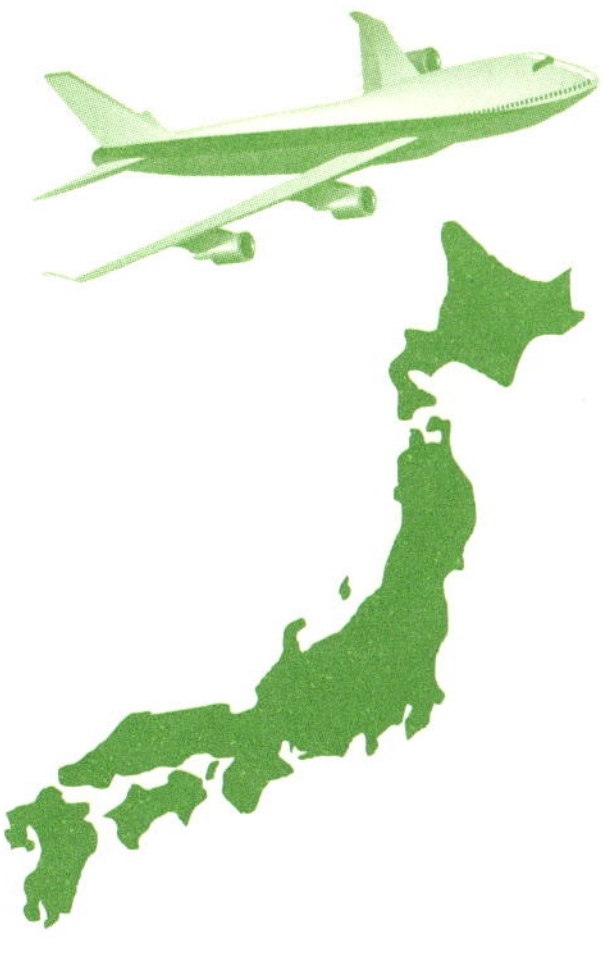

吉方位・凶方位一覧

自己の本命星（月命星）	大吉方生気《だいきっぽうせいき》	中吉方退気《ちゅうきっぽうたいき》	吉方和気《きっぽうわき》	凶方死気《きょうほうしき》	大凶方殺気《だいきょうほうさっき》
一白水星	六白 七赤 金星	三碧 四緑 木星		九紫火星	二黒 八白 土星
二黒土星	九紫火星	六白 七赤 金星	八白土星	一白水星	三碧 四緑 木星
三碧木星	一白水星	九紫火星	四緑木星	二黒 八白 土星	六白 七赤 金星
四緑木星	一白水星	九紫火星	三碧木星	二黒 八白 土星	六白 七赤 金星
五黄土星	九紫火星	六白 七赤 金星	二黒 八白 土星	一白水星	三碧 四緑 木星
六白金星	二黒 八白 土星	一白水星	七赤金星	三碧 四緑 木星	九紫火星
七赤金星	二黒 八白 土星	一白水星	六白金星	三碧 四緑 木星	九紫火星
八白土星	九紫火星	六白 七赤 金星	二黒土星	一白水星	三碧 四緑 木星
九紫火星	三碧 四緑 木星	二黒 八白 土星		六白 七赤 金星	一白水星

気をつけるべき凶方位

凶方位とは

凶方位とは、大なり小なり悪い影響をもたらしたり、不運な結果を招く方位のことです。行動した後すぐに作用することもあれば、徐々に凶作用を及ぼす場合もあります。

たとえば引っ越した直後にはとくに大きなトラブルもなかったのに、数年後に重大な事故に巻き込まれたりすることがあります。時間が経っていると、凶方位を使ったことが理由だとわからないかもしれません。しかしほかに思い当たることがなければ、凶方位による作用という可能性があります。

吉方位と異なり、すべての人に共通する凶方位と、それぞれの人にとって悪いとされる方位とがあります。

すべての人に共通の凶方位

①五黄殺　②暗剣殺　③歳破　④月破

それぞれの凶方位

⑤本命殺　⑥月命殺　⑦本命的殺

⑧小児殺

方位盤で五黄土星が運行している①五黄殺、五黄殺の正反対に座する②暗剣殺はとくに凶作用が強く、③歳破及び、それぞれの凶方位の⑤本命殺、⑦本命的殺と合わせて「五大凶殺」といわれています。

凶作用はすぐに現れるとは限りませんから、注意が必要です。移転などで数年後に悪影響が現れたりすると、すぐには原因を解明できなかったり、対策を立てるのが困難になるということも考えられます。

五黄殺

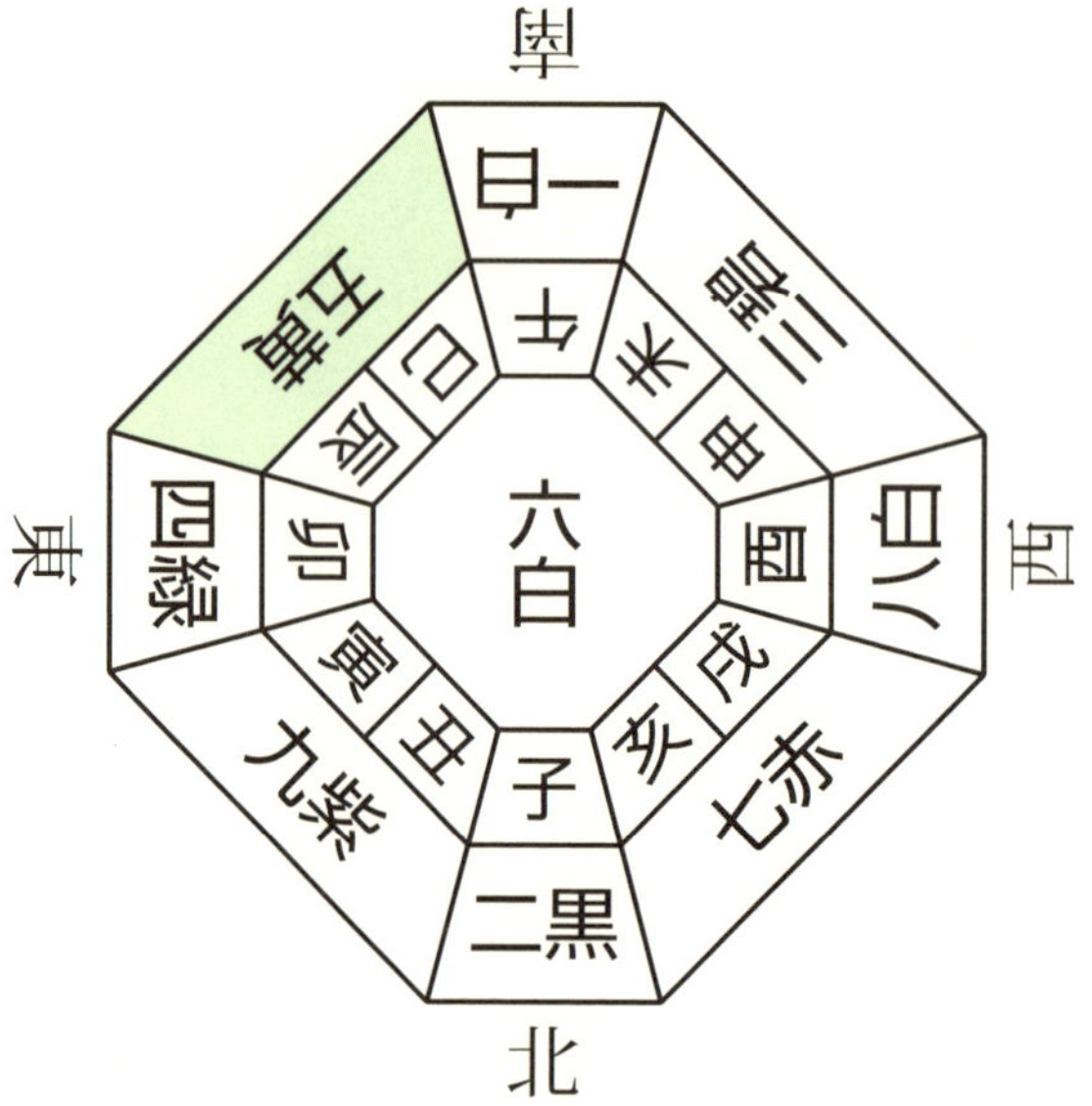

※この図は六白中宮の年の参考図です。
五黄殺の位置は年・月ごとに変わります。

五黄殺は誰にとっても大凶方で、あらゆる災厄を招きます。最悪の場合は死に至ることもあり、強烈な凶作用を及ぼします。五黄殺の方角への移転や旅行、新・改築、開店・開業は絶対に避けるようにしてください。中央が五黄の場合は家のリフォームが大凶です。

五黄土星は五行では「土」にあたります。吉作用がないだけでなく、すべてのものを腐敗させて、土に還す作用を持っているため、恐れられている方位です。五黄殺の方位を使うと、事故に巻き込まれて大ケガをしたり、悪性の病気で死に至ったり、異性関係のトラブルに見舞われたりと、あらゆる災難が降りかかってきます。五黄土星が中央に位置している年は、五黄殺と暗剣殺方位は、自らの居住する所の天と地に存在しています。

ちなみに、本命星が五黄土星だからといって、五黄殺と直接的に関係し、凶運の持ち主だということはありません。

暗剣殺

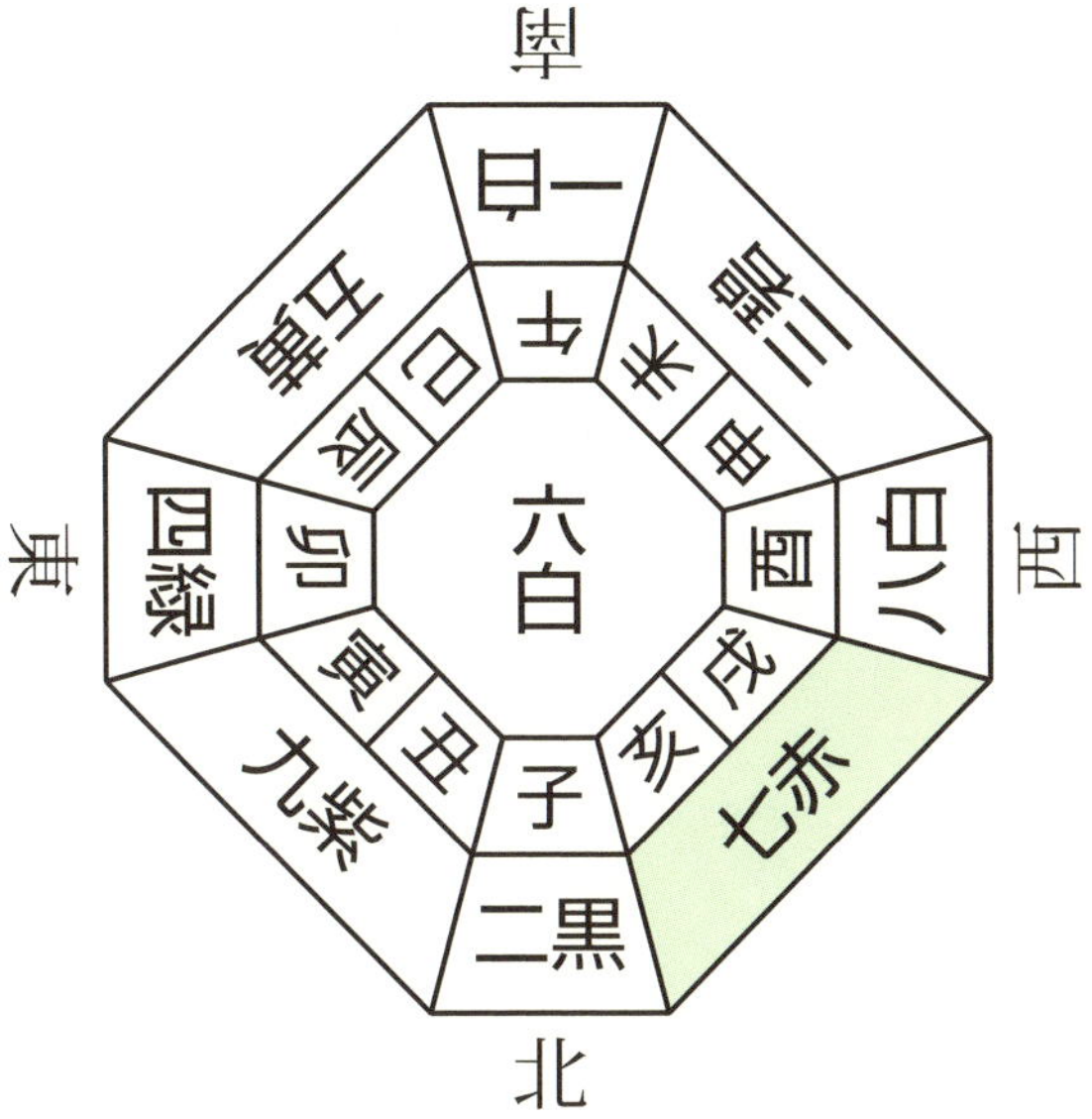

※この図は六白中宮の年の参考図です。
暗剣殺の位置は年・月ごとに変わります。

もうひとつの二大凶方位である暗剣殺は、方位盤においてつねに五黄殺の真向かいに位置しています。五黄殺東が五黄殺であれば西が暗剣殺となります。五黄殺と暗剣殺の凶作用の違いは、前者が自身によって、後者は他人からの影響が及ぶことによって運気が下がるということにあります。

五黄が中心に位置しているときは、暗剣殺はその真上にあるので、八方位のどこにもありません。五黄が中心を出ると同時に、暗剣殺の現象も現れ始めます。

非常に強力な凶作用があるので、本命星や月命星の吉方位であったとしても使うことができません。家の新築や開業、転職、引っ越し、婚礼などを予定していても、見合わせたり延期するなどして、災厄から逃れることを第一に考えてください。暗剣殺が自分の本命星に入っているときの大事は、とくに警戒が必要です。運勢全般が負のエネルギーで覆われ、悪影響は長期間に及ぶといわれています。

歳破（月破）

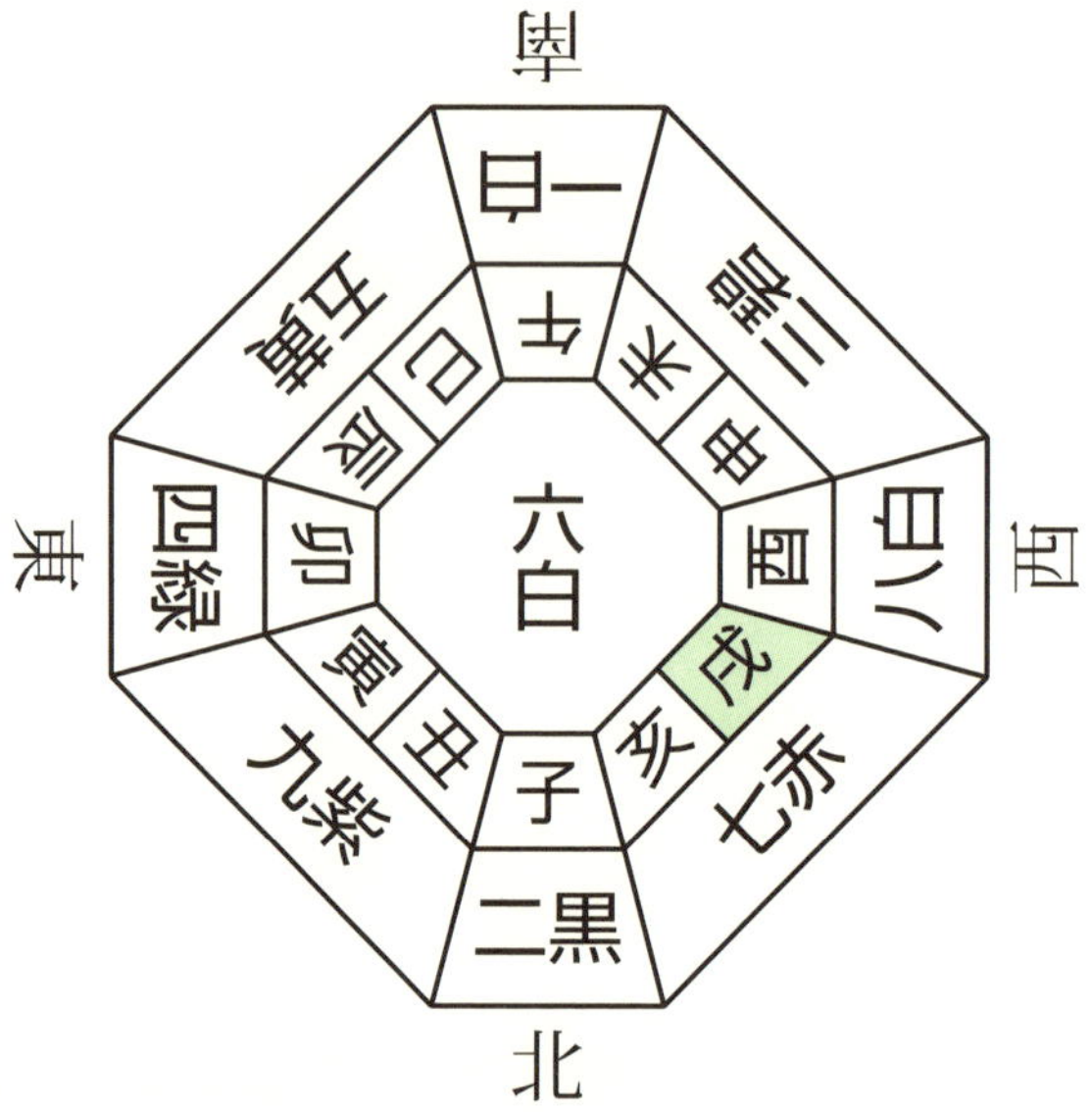

※この図は六白中宮・辰年の参考図です。
歳破の位置は年ごとに、月破の位置は月ごとに変わります。

歳破とは、その年の十二支の真向かいにある十二支の方位です。「破」という言葉があることからもわかるように、争い事や別れなど、「破れ」の現象が生じます。成功を目前にしながらひっくり返るという現象も起きやすいので、交渉や結婚などの場合には避けたほうがよい方角です。

月破は、その月の十二支とは反対側の方位を指します。

十二支は九星と違って運行していないので、北は子、南は午、東は卯、西は酉というように、方位と十二支が決まっています。また、歳破・月破が四隅（東南、西南、西北、東北）にあるときは、60度の範囲がすべて歳破・月破とならず、十二支の方位のみが凶方位となります。

歳破や月破を用いると、仕事や交渉の失敗、家庭の不和、人間関係の争い事や裏切り、想定外の展開による損害など、かなりの精神的・肉体的ダメージを被ることになります。

本命殺（月命殺）

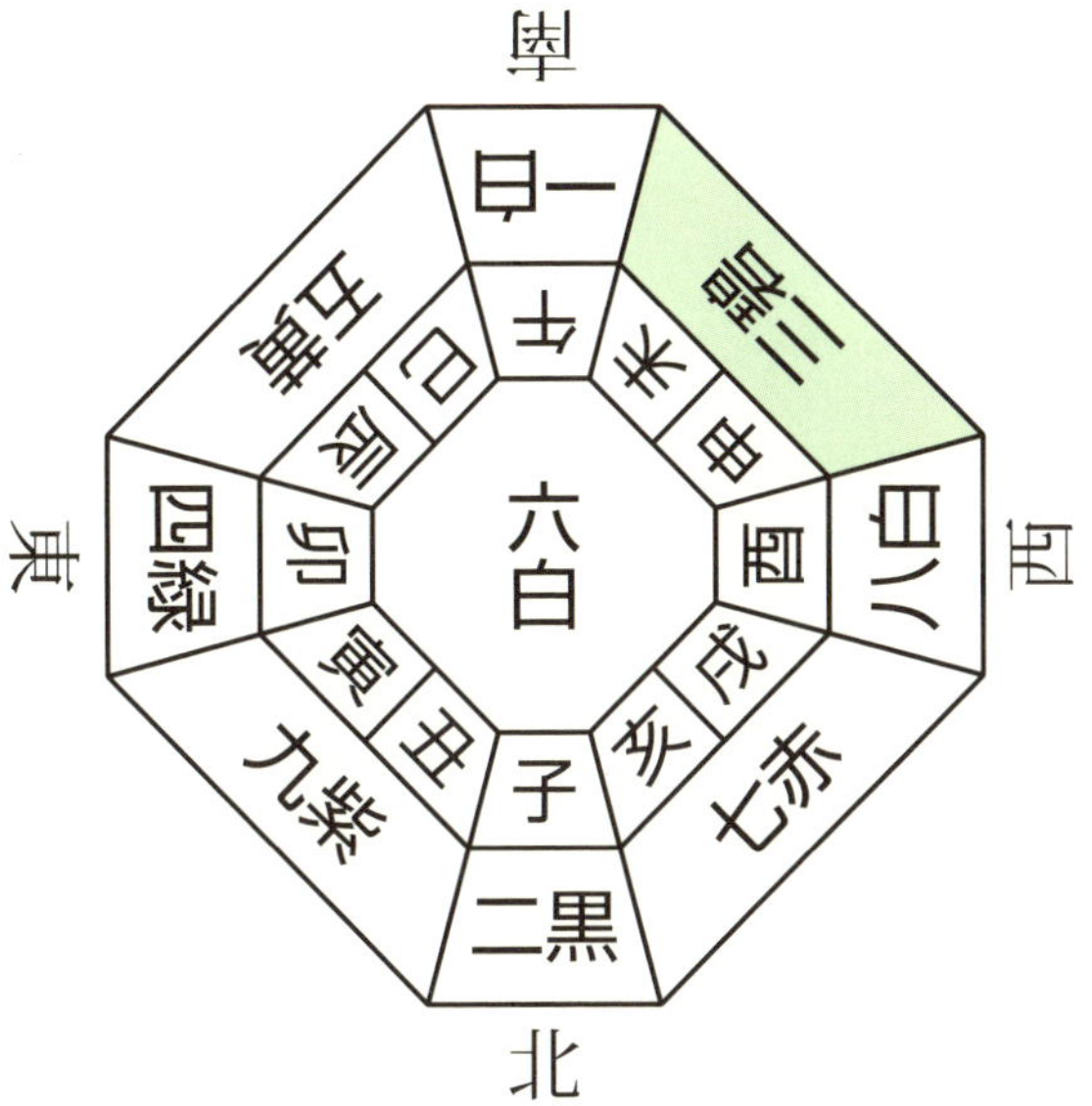

※この図は本命星が三碧の人の六白中宮の年の参考図です。
本命殺の位置は年ごとに、月命殺の位置は月ごとに変わります。

方位盤で自分の本命星が運行する方位が本命殺、月命星が運行する方位が月命殺です。年ごと、月ごとに本命殺と月命殺があります。

自分の方位なので幸運をもたらしてくれるのではないかと勘違いしそうですが、この方位を用いると、凶作用は健康上に現れるのが特徴的です。長期間病に伏したり、最悪の場合は生命に関わることもあります。

本命殺や月命殺を移転や新築、増・改築に使った場合は、原因不明の病気に苦しむことになります。結婚についても、健康に障害をきたすので避けたほうがよいでしょう。

本命星や月命星となる九星が方位盤の中央に位置するときは、本命殺及び月命殺はありませんが、自分自身が管理する様なパターンになるので、自宅のリフォームなどは避けた方がよいでしょう。

本命的殺

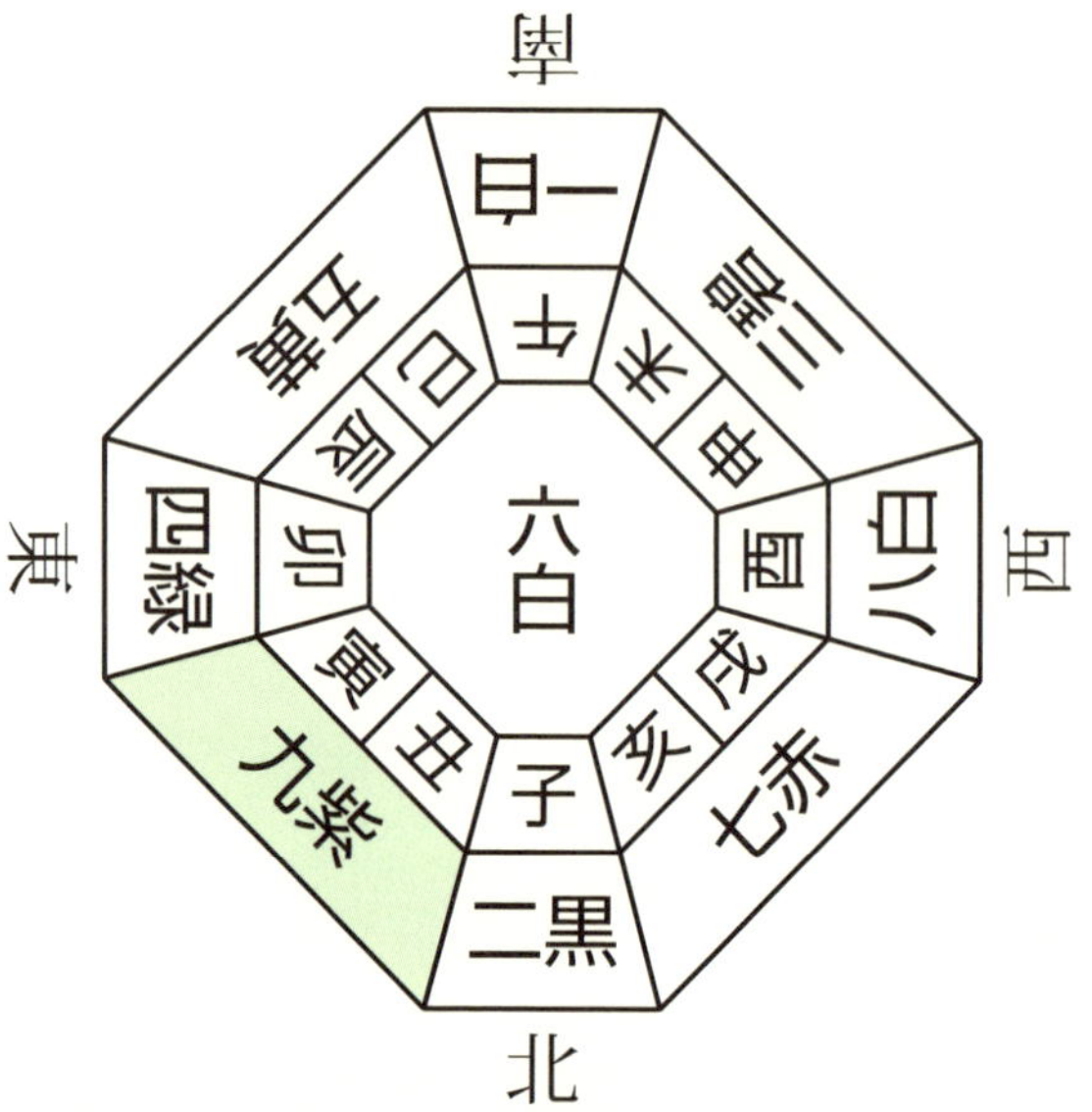

※この図は本命星が三碧の人の六白中宮の年の参考図です。
本命的殺の位置は年ごとに変わります。

本命殺の真向かいにあたる方位が本命的殺です。凶作用は本命殺ほど大きくないとされていますが、健康上のトラブル、とくに精神的なストレスが生じやすくなります。建築や移転、結婚にこの方位を用いるのは避けたほうがよいでしょう。

ほかにも、がんばっている割には期待したほどの成果が得られない、過剰なまでの自信が他人との関係に亀裂を生じさせる、友人・知人に嫌悪されたり避けられたりといったマイナスの現象が見られるようになります。

計画がうまく進まない、希望通りに事が運ばないといったケースから、心身に悪影響を及ぼすこともあります。

本命星となる九星が方位盤の中央に位置するときは、本命的殺はありません。

小児殺

小児殺凶方表

男女満6歳以下の子供専用	陰年● 丑卯巳未酉亥の歳	陽年○ 子寅辰午申戌の歳	月（新暦）
凶方位	南	中央	2月
	北	戌亥	3月
	未申	西	4月
	東	丑寅	5月
	辰巳	南	6月
	中央	北	7月
	戌亥	未申	8月
	西	東	9月
	丑寅	辰巳	10月
	南	中央	11月
	北	戌亥	12月
	未申	西	翌年1月

大人にはまったく影響がなく、満6歳以下の子供に凶作用を及ぼすのが小児殺です。月盤だけに用いる方位で、九星が運行する方位は年ごとに決まっています。

小児殺方位に移動することで生じる災難は、軽いものから重篤なものまで、さまざまな病気やケガ、大小の事故などが考えられます。子供が原因不明の病に倒れたり、家族が災禍に見舞われたりといったことも起こりやすくなります。

中央に小児殺がある場合、とくに避けることは、家屋の改修や屋根替えなどです。また、妊娠中の女性や小児のいる家庭では、移転や増・改築にあたって、この方位を使わないように注意しましょう。

例えば、平成25年（巳年）の7月は、小児殺が中央にあたりますので、家屋の改修を考えていても、満6歳以下の子供がいる家庭では、中止したほうがよいということになります。

自分の吉方位を書いてみよう

年盤を書きましょう。

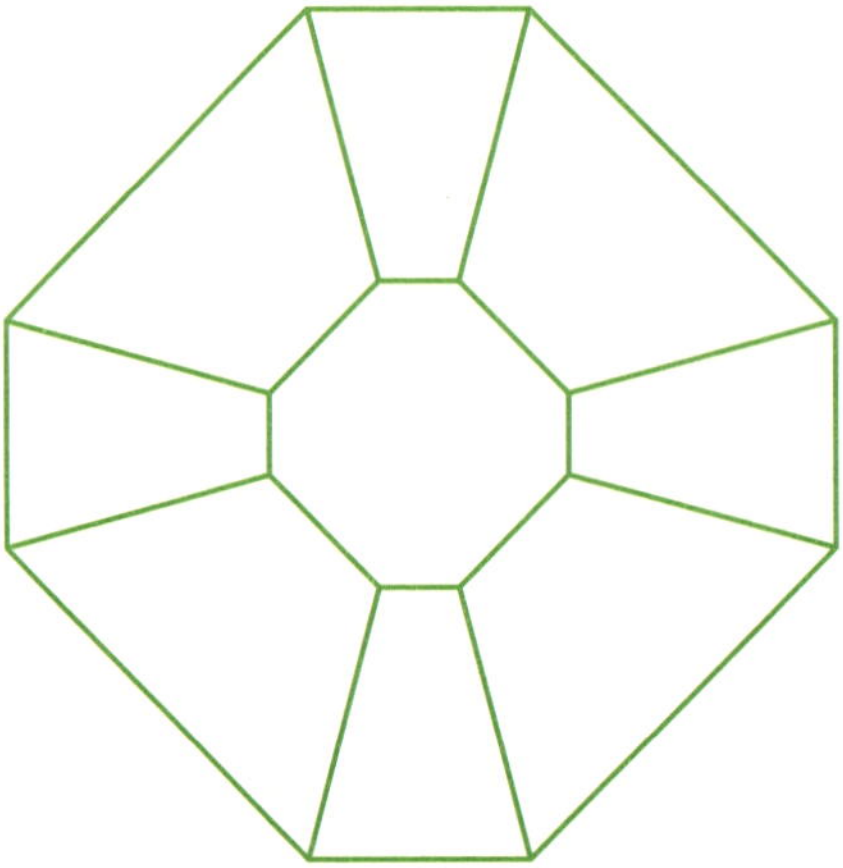

●本命星は

●相生する星は

●五黄殺は

●暗剣殺は

●歳破は

●本命殺は

●本命的殺は

したがって、吉方位は

凶方位へ行ってしまった場合の対処法

凶方位を知らずに使ってしまったり、冠婚葬祭などでその方位を選ばざるを得なかったりという場合もあるかもしれません。災いが降りかかるのを待つしかないのでしょうか。

一番の解決法は吉方位へ移転し、陰陽のエネルギーを相殺することです。凶作用が現れる前に移転すれば悪影響から逃れられますし、もしすでに凶作用が現れていても、早めに移転することでダメージは少なくてすみます。吉方位からのよいエネルギーをも、もたらされます。

仕事や子供の教育に関する事情、経済的な問題等でただちに移転がかなわない場合は、その地の氏神さまに定期的にお参りするようにしましょう。そうすることで、災難は軽減されますが、早めの移転を計画することも忘れないようにしましょう。

陰徳を積む、すなわち密かに善行を施すことで、幸運を引き寄せることもできます。

ボランティア活動や募金活動に積極的に関わったり、地域の仕事を引き受けるなどの目に見える行為から、親を尊敬する、自然の恵みに感謝する、物を大切にするといった心がけ、心の有様によっても、陰徳を積むことができるのです。

つねに「ありがとう」の気持ちを忘れず、公共の乗り物で高齢者や体の不自由な人に席を譲る、他人の悪口を言わないなど、簡単なことから始めてみましょう。どんなことも、心を込めて、丁寧に行うことが肝心です。

善い行いに対しては、見返りを期待してはいけません。継続して行うことで、災難や不運を遠ざけることができるに違いありません。

地図上でみる吉方位

方位を見て吉凶を占うのが九星気学ですが、そもそも方位というのはどのようにして定まったのでしょうか。

方位は磁石と無縁ではありません。磁石が北を指し、その反対側を南とし、そして東西が定まりました。

古い時代に中国で磁石が発見され、それがヨーロッパを経由して世界各地に広がったという説が一般的です。そしてまた、方位も磁石同様、かなり古い時代に考えられたものと推測されます。

しかし、磁石が示す北は「磁北」と呼ばれ、地球の地軸の影響を受けて指し示しています。そのため、地図上で表示されている北とは角度のズレがあります。この角度のことを「偏角」といいます。

方位を判断するのに必要なのは、磁北です。地図上で方位を見る場合は、偏角をとって、地図上の北から西に7度5分ずらしたところが北（磁北）になります。

方位盤は、四正（東西南北）を30度、四隅（東南、東北、西北、西南）を60度に分け、全体を十二支分割したものです。それを用いて、方位の吉凶を判断するのです。

方位盤で、移転先が吉方位と凶方位の境界線に存在する場合は、注意が必要です。偏角をきちんととって、方位を定めてください。そのうえで確認するわけですが、境界線上の場合は凶方位に含めることをおすすめします。より悪い方に考えておくことで、問題の少ない対策が打てるはずです。

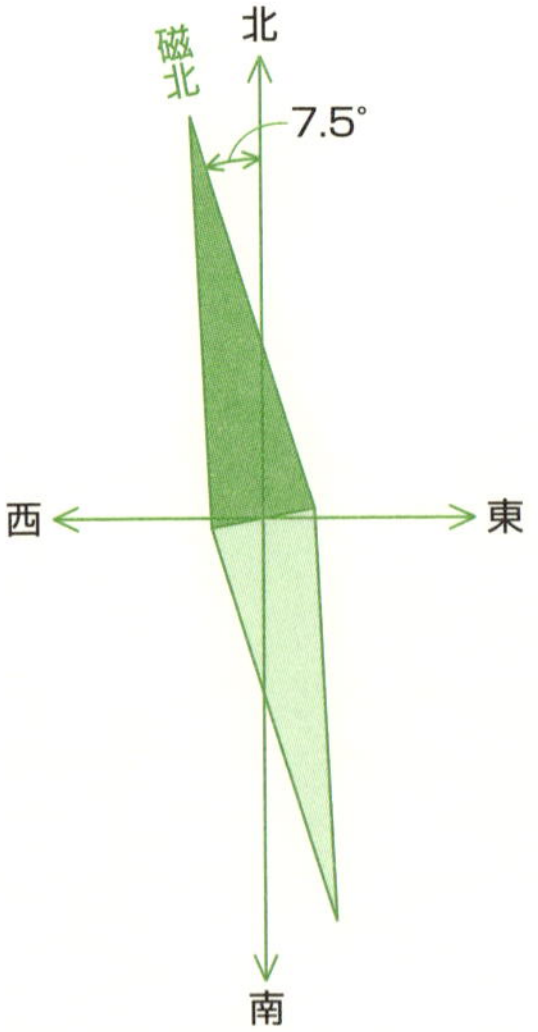

磁気図（偏角）　2010.0年値　国土地理院技術資料 B·1 No.49

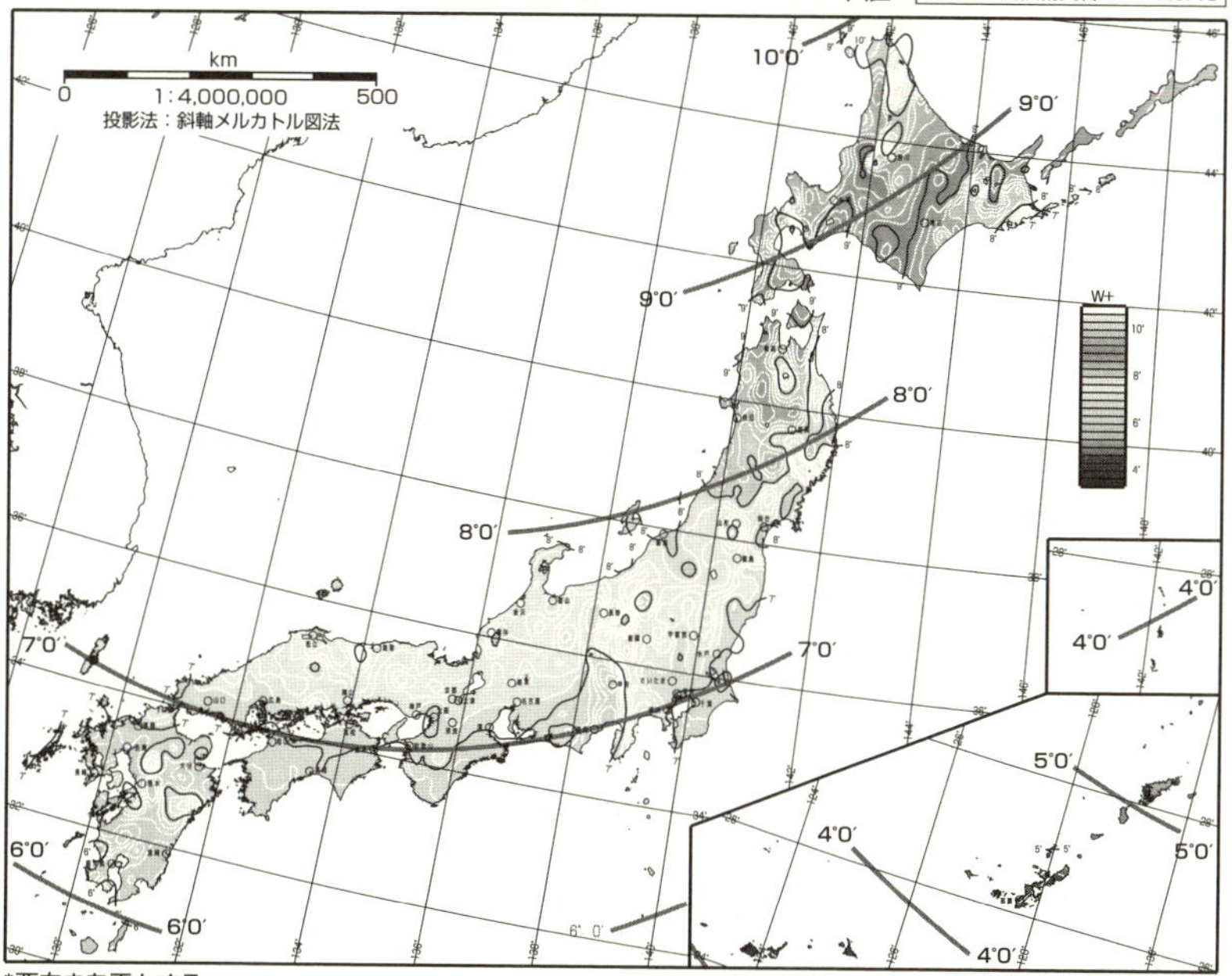

*西向きを正とする

【出典　国土地理院　2012年1月修正】

「磁北」と「地図上の北」のずれ

北には、磁石の針がN極を指す「磁北」と、地図上の北の方位があります。この「磁北」と「地図上の北」の角度のずれ（差）を「偏角」といいます。

「偏角」の大きさは、場所と時間により異なり、常に少しずつ変化しています。日本は南北に長いため、「偏角」の大きさは場所によって異なります。しかし、地図上で吉方位を見る場合には、全国共通で7度5分の偏角を使い、磁北を用いて判断します。場所によるずれは「家相」を見る場合のみ使用します。

※なお、国土地理院が発表している現在の「偏角」は上図の通りで、この角度は家相を見る際に使うものですので、ここでは参考資料として説明を省かせて頂きます。

方位現象について

各方位がもたらす効果や災い

気学において、吉方位による運気が上昇し、得られる利益を「方徳」、凶方位によって運気が下降し、被る不利益を「方災」と呼びます。

たとえば方徳には、

・子宝に恵まれる（北）
・仕事に意欲が湧く（西南）
・勝負運が強くなる（西北）
・貯蓄が増える（東北）

といったものがあります。

また方災には、

・肝臓を患う（東）
・家庭不和になる（東南）
・異性関係で損害を受ける（西）
・地位や名誉を失う（南）

といったものがあります。

吉方には、目に見えない有益の気が流れており、これに触れることで方徳を得ることができます。移転や引っ越し、旅行以外に、日々の散歩や買い物でも有益の気に触れることは可能です。その繰り返しによって、運気が徐々にアップしていきます。手軽に日常生活に取り入れられる方法を考えてみてください。

注意点として、この効果を十分に引き出すためには、住んでいる場所から1キロ以上離れる必要があります。（理想は4キロ以上）

九星が八方位それぞれに運行したときの効果について、P117以降で説明していきます。最適な方位を選び、より運を開くために、ぜひ参考にしてください。

万が一、凶方位を用いてしまったときは、方災を確認して、なるべく早く吉方位に移動して、災難から逃れ、軽減するようにしましょう。

一白水星が東にめぐった場合

暗剣殺、最悪の凶方

五黄土星の真向かいとなり、誰が用いても凶方位となります。八方位中最悪の凶方位です。

※吉方位として用いることはできません。この方位への移転や建築、開業、結婚などは取りやめることをすすめします。

すべてにおいて、突然、発展が止まります。計画や事業は思惑どおりに進まなくなります。対人関係や取引・交渉事が引き金となりトラブルを引き起こす方位です。文字通り、不運は降って湧いたように突発的に起きるので予測がつきません。

事業などでこれまで広めてきたことは、進んでいたことが急に止まり、それどころか損害を被ることがあります。事件に巻き込まれたり、噂やデマによって妨害されたりするでしょう。残念ながら人からの支援が途絶え、それどころか、横取りされたり、裏切られるようなことも多発します。嘘をつかれたり、悪い噂が流れたり、自分自身もしゃべりすぎなどの舌禍が災いし、評判を落としていくでしょう。

トラブルによって自らの夢や目標を失うことになり、その精神的なダメージは計りしれません。そういったことから、ストレスがたまり、精神的に鬱状態となり、ノイローゼになるなどの危険もあります。人に会うことが怖くなるかもしれません。〝悩み〟や〝苦しみ〟、〝敗北〟といったことと縁が非常に深くなっていきます。

災禍と心身への影響…

・突発的な事故
・詐欺、盗難
・好色になる
・病弱になる
・ノイローゼ
・ストレスからの神経障害

一白水星が東南にめぐった場合

吉方位として用いた場合

新しい風が吹き、新しい人間関係が生まれます。友人が新しい友人を招き、人の輪が広がっていく実感があります。万事、人の縁によって福徳が得られる方位ですから、常に人との縁や交流を深めていきましょう。仕事面では、海外や遠方など、これまで手が届かなかった場所や、チャレンジに思い切って踏み出してください。自分の企画やアイデアによって念願の目標を達成できたり、自営業なら有利に商売が発展していきます。専門外のことや、資格挑戦など少し高めの目標を持つのも吉です。おそれず積極的に動くことで、あなたを支援してくれる人が必ず現れ、目標達成に確実に近づいていきます。

恋愛や人間関係においても、心がオープンとなることで、よい縁が持ち上がり、恋愛や結婚のチャンスに大いに恵まれます。

凶方位として用いた場合

不誠実な行為や無謀な取引をはじめて、せっかく積み上げてきた人間関係や信頼を失う方位です。運気が衰退していくために、知らず知らずのうちに身を落とす方向に進んでいくので、何事につけ慎重さが必要になります。友人からもたらされる交渉事や取引は、口約束などはもってのほか、必ず調査をし、文書で契約を交わしてください。とくに他人の情報から不運を招きやすいので、誘惑や、儲け話には惑わされないように。人を甘くみていると足元をすくわれます。異性関係においても、人や情報からのトラブルに悩まされるでしょう。妙な噂をたてられたり、三角関係の泥沼にはまったり、独身者はいつまでたっても良縁に恵まれません。くれぐれも自ら噂の種をまくことがないよう注意が必要です。

健康面では、風邪が諸病の原因となります。ちょっとしたストレスの蓄積が身体の不調を招き、インフルエンザなどにもかかりやすくなります。

一白水星が南にめぐった場合

吉方位として用いた場合

目上や地位のある人との縁が深くなります。これまで苦労していたことに援助者が現れるなど、困難だった環境を脱出するチャンスに恵まれた方位です。

また、この方位には離合集散の意味があり、自分にとって縁のない人は離れていき、新しい人間関係が生まれます。あなたに目標や長年苦労してきたことがあれば、その目標を達成し、悩みを払拭させる人物がやっと現れるということ。手かせ足かせとなっていた人は自然と離れていき、反面、救われた、と思うような嬉しい出来事があるでしょう。人前へ担ぎ出されるようなこともあり、急にスポットライトを浴びる立場に立たされることがあります。自分のよい面がクローズアップされ、目に見えるかたちで前途が開けます。目標や願い事は常に言葉に出して周囲にアピールしておきましょう。

凶方位として用いた場合

現在企画していることや、長年努力してきたことがあるならば、この方位は避けなければなりません。せっかく積み重ねたことに横槍が入ったり、ライバルが現れたり、ちょっとした勘違いから予想外の展開に発展し、努力は水の泡となって消えてしまいます。時にはそのことで、裁判沙汰になることもありますので、勢いのまま進むのは危険です。また、目上や上司の目も厳しくなり、援助や引き立ても期待できないでしょう。いつも通りやっているのに、悪い面ばかりがクローズアップされ、なぜかうまくいかないといった無力感におそわれます。万事、積極策に出ず、慎重に行動することが賢明ですが、思い切った行動に出やすくなります。自ら会社を辞めたり、今の環境を捨てることも。一方で、親しい人との生別・死別に遭遇しやすく、孤独に加速がかかります。健康面では、眼や心臓の疾患にかかりやすく、病気は長引くことが多くなります。

一白水星が西南にめぐった場合

吉方位として用いた場合

福徳が、交友関係や身近な家族からもたらされる方位です。友人から起業に誘われたり、新しい企画に携わるチャンスがもたらされます。とくに、拡張、独立、開業などに対しては、精神的にも、肉体的にもパワーが溢れているので、発展・繁栄への道が開けます。新しい事業への参画や、転職、突然の申し出なども受けるとよいでしょう。

また仕事運がなく、求職中の人も、この方位は最適です。友人関係から望んだ仕事を得られたり、趣味を仕事にすることもあるでしょう。副業運があるので、二足のわらじで、自分の夢を叶えることが可能です。やりたいと思ったことは躊躇せず、その夢を叶える方法を誰かに相談してみましょう。あなたの一生懸命さは必ず目にとまり、思いがけず友人がチャンスの切符をくれたり、援助を申し出てくれます。

凶方位として用いた場合

職場環境と家庭運が悪化します。運気は心の持ち方ひとつで変わることがありますが、この方位の場合には、やる気や、働く意欲が低下していきます。これまで勤勉で堅実だった人が、怠け癖にとりつかれたり、何事も楽な方向へと逃げたくなったりします。勤勉性を欠くことで業務成績が落ちていき、その結果、失業し、お金に困って土地や家屋を手離すことにもなりかねません。すべてにおいて、急激に環境や状況が変わるというよりも、徐々に悪い方向へと運気が流れ、気づいたときには取り返しのつかないところまで行ってしまったというのがこの方位の特徴です。同じように、愛情面でも、いつもなら自制心が働くはずが、官能的なつきあいにはまり、大切にしていた家庭、信頼などさまざまなものを失うようなことがあります。健康面では、胃腸、脾臓、消化器、皮膚の疾患に注意が必要です。偏食傾向となり、病気になると長引きますので心配です。

一白水星が西にめぐった場合

吉方位として用いた場合

なんとなくお金には困らない、といった小銭運に恵まれます。日々使うお金で心配になったり、急な出費に見舞われるといったことがなく、堅実に貯蓄もできます。お金の余裕とともに、交際・社交運・コミュニケーション運も活発になります。意外な人物と、遊びや趣味を通じて出会えることがありますので、行動範囲を広げ、なるべく多くの人と会うことがチャンスを引き寄せる鍵となります。どうしても成功させたい取引や、仕事面の業績のアップなど、目標を叶えたいなら、臆せず人に会いにいきましょう。またその意欲に溢れます。上司運、部下運ともに良好です。家庭運においては、子供に関する喜び事に縁があります。受験や習い事など、子供を通じて、心が浮き立つような出来事や、家族の結束が高まるようなことが多くあります。

凶方位として用いた場合

すべてにおいて〝流れていく〟方位となります。楽な方へ楽な方へと気持ちが流れ、遊びぐせがついたり、怠けぐせがついたり、これまで勤勉な人でも、あと一歩のところで踏ん張る気概がなくなります。自分の意見や信念が薄くなっていくため、人に流されやすくもなります。ちょっとおかしいなと思うような詐欺にも簡単に引っかかってしまうなど、悪い流れは最終的に金運へ影響を及ぼすでしょう。一時的に金運に恵まれるかもしれませんが、そのお金は身につかず、手元に残ることはありません。それどころか、ギャンブルや投機的なことに私財をなげうつことになるでしょう。〝決着をつける〟、〝心機一転〟といったこととは無縁となります。

また、もう一つ注意したいことは口の災いです。言葉による人間関係の崩れ、信用の失墜に見舞われます。健康面では、刃物によるケガ、原因不明の病気や、泌尿器に関わる病全般に注意が必要です。

一白水星が西北にめぐった場合

吉方位として用いた場合

自分より年齢や地位の高い人、財産のある人、権力のある人との縁が深くなる方位です。財政面の支援であったり、チャンスをつかむきっかけを得られたり、願いを叶えるキーマンとなります。知り合いになりたいと思う人がいたら、勉強会やセミナーなどに参加し、臆することなく自分を売り込んでみましょう。精神的にも、前途への明るい未来を感じられるようになるので、自分に自信がもてるようになり、向上心がよい運気のサイクルを作っていきます。新しい企画や、新規事業などは手元で温めるだけでなく、発表する機会に恵まれ、成功をつかむことになるでしょう。新しい事業計画や企画のある人は、この方位を積極的に使うとよいでしょう。

奉仕活動やボランティアなど見返りを求めない活動によって、更に運を押し上げていきます。

凶方位として用いた場合

〝大きなこと〟に着手し、損失を招く方位です。分不相応な仕事を引き受けて大打撃を被ります。新規事業では強引に事を進め、人材や資産を失うことになるでしょう。政治的な失脚、株売買の失敗など、高い立場や、多額のお金にからむことは、すべて凶です。精神的にも、攻撃的な態度に出やすい反面、逃避的になるなど、バランスの悪い状態となります。こういった精神状態は仕事の質にも影響し、これまでの後援者や協力者から見放される事態となります。一方で、何事につけ、謀りごとが好きになり、根回し、圧力などを仕掛けますが、ことごとくうまくいかないでしょう。また、目に見えない精神的な世界にひかれていくことがあり、新興宗教にのめり込む人もいます。すべてにおいて、自分の基盤となる生活が見えなくなり、分不相応な満足感だけで物事を動かそうとします。健康面では交通事故、頭の病気、ケガが心配となります。

一白水星が北にめぐった場合

吉方位として用いた場合

下積みが長い人や、苦労の多かった人にこそ最適の方位です。ふとしたきっかけで、努力が認められたり、抜擢されたり、陰で頑張っていた人ほど、スポットライトが当たります。この方位の特徴は、棚からボタ餅といった幸運ではなく、苦労を乗り越えてからの成功となります。慢心や焦りなどは禁物。陰で一筋に努力することで、その苦労は実を結ぶことになります。人に協力して周囲の嫌がる仕事を、体力を惜しまず努めることが吉となります。また、人に助けられることが多くなり、社交範囲が広がります。今までつきあいのなかった分野の人との出会いによって、新しい事業、企画などに恵まれるでしょう。健康面では〝夜〟に関係が深く、熟睡できるようになり、徐々に健康体質になります。また妊娠を望む人には絶好の方位となります。

凶方位として用いた場合

悪い条件のなかで、最悪のカードをひく方位です。仕事や住居に関することで心配事が絶えなくなるでしょう。手がけてきた企画や取引がある場合、思わぬアクシデントや、資金繰りの悪化など計画は頓挫します。信じていた人に騙され、お金を失う人もいるでしょう。悪い交友関係が生じたり、異性間でスキャンダルを起こしたり、対人関係においてもめ事が絶えません。そういった些細なもめ事の積み重ねをきっかけに、徐々に運気が落ち込んでいきます。

また、この方位の特徴として、判断力が鈍くなるため、予期せぬ事態にうまく対処することができず、取捨選択において、悪いカードを選んでしまいます。家庭では、子供のことに対して注意が必要です。子供の健康、勉学、交友関係など悩み事が生まれるでしょう。組織の中では、目下、部下に苦労します。

健康面では、水の事故や、冷えからくる病気など、水に関する災いと縁が深くなります。

一白水星が東北にめぐった場合

吉方位として用いた場合

今まで行き詰まっていたことがよい方向に発展します。会社の組織替えや、転業などがうまく進展していきます。こういったことは、すべて〝古い縁〟が吉を運び、窮地を救うことになります。長年付き合っていた友人、旧友、疎遠になっていた親類縁者などから現状打破のチャンスがめぐってきます。行き詰まっていることがある場合は古い縁を頼ってみましょう。仕事面においては後継者、部下に恵まれます。自営業などの場合、優れた跡取りが現れるでしょう。家庭の不和や結束が得られない場合も、この方位を利用すると、縁が深くなり、互いに労わりあうことができるようになります。

不動産の入手、遺産の相続という縁もあります。この方位は変化の場所にあるので、よい作用や効果はある日、降って湧いたようにおきます。

凶方位として用いた場合

否応なくこれまで築いたものを失うような〝総決算〟の方位です。友人に欺かれる、仕事を失う、家族を失うなど、人生を一変するような出来事に遭遇し、これまでの人生がゼロになります。今までとは違った方針を実行したり、新しいことにチャレンジしても残念ながら失敗に終わります。

この方位の特徴として、日頃、堅実な人でも、なぜか新規の事業に着手したくなったり、強引に物事を進めたくなり、大きな賭けに打って出るようなことがあります。それらはことごとく失敗に終わり、家屋、土地、財産は手元から消えるでしょう。親族問題や家庭内の問題が生じ、人間関係でも孤立することになります。

健康面では、病災がついてまわります。中でも腰や脊髄に不調が現れます。高いところから落ちてケガをする、関節のケガ、ギックリ腰には注意が必要です。大腸癌にも注意してください。

二黒土星が東にめぐった場合

吉方位として用いた場合

順調に動き出す力を持つ方位です。実力が正しく発揮され、チャンスもめぐってきます。業績が振るわなかった仕事や事業も吉方位として使うと順調に動き出し、回復し始めるでしょう。新しい企画やアイデアは他人の引き立ても得られやすく、高く評価され、大変忙しくなります。それをやり遂げる体力も元気もあります。精神的にも向学心が湧いてきて、これまで知らなかった事にも関心が出てきます。意外な人物との出会いもありそうです。新しい世界や新規のことはすべて吉となり、興味の湧いたことは、自ら動き、人と会うことによって、新たな目標や夢を見つけ出せるでしょう。人生において進むべき道がよく見渡せるようになることで、一事に専心するようになります。また、勤勉性や堅実な面が発揮され、周囲からの評判も上々になるでしょう。

凶方位として用いた場合

物事が停滞します。残念ながら努力しても成果は現れません。それどころか、〝失う〟方位です。過去のトラブルが蒸し返されたり、詐欺にあって財産を失うようなこともあります。土地や不動産を持っている人はとくに注意が必要です。有形、無形を問わず隠し事が発覚しやすくなりますので、過去において、ごまかせたことが発覚し大問題となるでしょう。古い事柄、過去の出来事、隠し事に災いがあり、交友関係では、異性間での交際に悩み事が絶えなくなるでしょう。

また凶作用により目標や目的を見失います。これまで支援してくれていた友人たちが離れ、無気力化していくことも心配です。

健康面では、喘息などの咽頭系の病気にかかりやすくなります。精神的に不安定となり、抑鬱症状が出やすくなります。神経痛の再発、心因性の帯状疱疹の再発なども注意が必要です。

二黒土星が東南にめぐった場合

吉方位として用いた場合

自分自身が社交的となり、交際範囲が広がります。対人関係が福徳を運んでくる方位となり、事業面、営業面でも嬉しい兆しが見えてくるでしょう。商売をする人には最適の方位となります。人が人を紹介してくれるなど、思いがけない人脈に恵まれます。とくに目上の女性や年配の女性、主婦との関わりは福徳を招きます。成果が現れるのは少し先になりますが、必ずよい結果をもたらします。

精神的にも仕事への意欲が湧いてきて、何事にも全力投球できる気力に溢れます。これまで消極的だった人も自分に自信が持てるようになるでしょう。社交的になればなるほど、幸運が訪れ、有利な不動産や資産運用の話などが持ち込まれます。また結婚を望む人には縁談が持ち込まれるでしょう。安定したよい家庭が築ける方位です。

凶方位として用いた場合

万事、滞ることが多くなります。計画は長引き、順調に運んでいた話も延期となり、結果、中止になります。自分自身も注意力が散漫となり、連絡ミスや不注意、物忘れが重なり、周囲の信用を失うような出来事が多発するでしょう。人間関係においても行き違いが多くなり、物事がスムーズに運ばなくなります。会社においても、地域においても、ネットワーク作りはうまくいきません。情緒不安の作用があり、信頼していた人や部下などから裏切られるかも知れません。一方で、自分自身は欲が深くなり、欲の深い人との縁ができてしまいます。対人関係が悪くなることが、万事に影響をおよぼし、精神的にも気力が落ち込み、やる気が失せていきます。

健康面では、風邪から発した、腸、神経、消化器系の病気に縁があります。また、〝風〟に関わることに災いがあり、噂話など、実態のないものには注意が必要になります。

二黒土星が南にめぐった場合

吉方位として用いた場合

知的なものに縁が深くなり、利益を得る方位です。例えば、骨董品の売買、株式投資、新しい事業などが吉です。自分自身もインスピレーションが働き、ひらめきや直感力が鋭くなります。企画事や創造性を問われる職業には最適となります。新規の場所や新規の企画には積極的に参加を。状況判断や将来の見通しがよくなるため土地・不動産などの売買もうまくいき、利益を得られるでしょう。身辺は急速に華やかさを増し、新しい企画や事業に着手して成功を収めたり、表彰されるなどの輝かしい評価も夢ではありません。

目上や地位の高い人からかわいがられ、引き立てられるようになるのもこの方位の特徴です。人に会うことで、新しい夢や目標が生まれるでしょう。失ったものが、戻るような嬉しいこともあります。

凶方位として用いた場合

あらゆる物事に波風が立ちます。職場や家庭内で、無意味な争いや、喧嘩、ゴタゴタが起きます。思惑違いや勘違いなど些細な行き違いが大事に発展することも多く、不動産や自らの働き場所を失う人もいます。悩んで決断したことが悪手となり、更に事態を悪化させます。また離合集散の意味があり、信頼していた人や、部下などに裏切られることもあるでしょう。公文書などのトラブルにも巻き込まれやすくなるので、不用意な捺印や文書の確認ミスには注意が必要です。

小さなもめ事が絶えず起き、予期せぬ事態が多くなるため、心身のバランスが崩れ、労働意欲が低下します。とくに、奉仕の精神や親切心が薄れてしまうと自己中心的な行動が目立ちます。

健康面では、首から上（くも膜下出血、脳梗塞、眼底出血、ノイローゼ、躁鬱病など）の病気に注意が必要となります。

二黒土星が西南にめぐった場合

吉方位として用いた場合

着実に実績を上げ発展します。派手ではないものの、忠実にコツコツと働くようになり、すべてがよい方向へと変化していく方位です。新たな仕事に携わる機会を得て、その中で徐々に頭角を現すような事もあるでしょう。とくに同じ趣味、同じ価値観、同世代との社会活動などは人生の新たな目標を見出すきっかけとなります。周囲の引き立てや協力が得られ、更に幸運を引き寄せていきます。

一方で、ずっと積み重ねてきたものがあるなら、その努力は報われます。一朝一夕に成功をつかむというよりも、行動することで縁が生まれ、新しい世界に飛び立ち、そのなかで新たな才能を見出していくことになります。堅実で、長い縁に恵まれるでしょう。独身者は結婚願望が高まり、結婚生活においても堅実で温かな家庭を築くことができるでしょう。

凶方位として用いた場合

すべてが無になる作用があり、仕事を失う危険があります。体力・気力が失われるため、やる気が起こらず、楽なほうへと思考が向いていくため、サラリーマンは勤務態度が悪くなり、勤め先を解雇されることもあります。商売においては、社交性が失われるため、客が来ず店は閑散とします。営業全般にツキがなく、仕事を失くす、資産を失うといった事態を招くことになるでしょう。とくに転職などの心機一転の思い切った行動はかえって事態を悪くします。これは金運にも大きく影響します。また、一度失敗すると気持ちが萎えてしまうため、なかなか立ち直ることができません。他人に会いたくなくなるなど、肉体的にも精神的にも内にこもるようになります。家庭内においても孤独となります。

健康面では、胃腸障害に注意が必要です。徐々に悪化していく部分と、急激に症状が現れるものと両方に注意してください。

二黒土星が西にめぐった場合

吉方位として用いた場合

金銭と遊びを象徴した方位です。金運や物質運が上がるでしょう。とくに小銭運に恵まれ、プレゼントなど衣食住に小さな喜び事が多くなります。働いた以上の報酬が得られることもあるでしょう。臨時収入などの副収入にも恵まれます。自営業などの経営者は、悩んでいた資金繰りがスムーズになり事業は好転します。また、土地や不動産売買などにより、思わぬ利益を得るなどの悦び事があります。

精神面では、気持ちの余裕が生まれ社交的になります。よい面がクローズアップされるようになり、多くの誘いがあり、交友関係が広がります。やりたいと思うことには賛同者が現れ、自分の個性を発揮する場も得られるでしょう。遊びのなかから、仕事への発見が得られたり、支援者が現れたり社交性が仕事によい影響を与えていきます。

凶方位として用いた場合

万事にだらしなくなる作用があります。怠け心が生じやすく、夜遊びにふけったり、浮気に走ったり、家に寄り付かなくなるようになります。人と会うことが多くなるものの、自分自身の心のうちには不安感や嫉妬心がくすぶり、周りと衝突したり、言った、言わないの些細なことで口論が起きるなど、人間関係でのトラブルが頻発します。これまで真面目だった人ほど、異性間や恋愛でのトラブルには注意が必要になります。あらゆることに自制心がきかなくなるため、喧嘩だけでなく、酒におぼれ身体を壊すこともあるでしょう。

仕事面においても、口論などの災いが営業面におよび、不要なトラブルに巻き込まれていきます。冷静な態度で話し合うことができず、激高し口論となることが多く、家庭においても喧嘩が絶えなくなります。健康面では、口、顎、歯、呼吸器、気管支、腸の病気に注意が必要です。

二黒土星が西北にめぐった場合

吉方位として用いた場合

新しいことを興し自ら成功のチャンスを引き寄せます。新しい企画や事業などに縁があり、手応えを感じるとともに、目に見える成果となって現れます。また、コツコツと努力を積み上げる精神力に恵まれ、確かな業績を残すことになります。結果、昇給、昇格などの評価も得るでしょう。新しいものに着手するだけでなく、古く、伝統的なものを現代風にアレンジしたり、効果的に生かすなどのアイデアが賞賛されることがありそうです。

また支援者や協力者に恵まれ、とくに地位の高い人からの福徳があります。そういった大きな期待に対して更に自分自身も発展していく気力があり、成功を収めることができます。叶えたい目標がある人や、それに向かって努力してきた人には最適の方位でしょう。人脈が縁を運び、転機をもたらします。

凶方位として用いた場合

体力・気力がなくなり、援助者が離れていきます。つまらないことで言い争いをしたり、自分自身が強気に出たり理屈が多くなったり、権威志向になり、失敗を招きます。企画は机上の空論になりやすく、目上の信用を失います。態度が傲慢になるのもこの方位の作用で、相手に対しても思いやりに欠ける言動が多くなり、大切な人を失うことになります。反面、プライドが傷つくこともあるでしょう。

しかし気力が落ち込んでいるのに、突然、思い切ったことを企てたくなり、結果、失敗します。ギャンブルや株などでも運はなく、損失を出すでしょう。仕事に絡むトラブルが頻発し、営業の発展は見られません。お金に絡む問題となると、裁判沙汰になるだけでなく、資産を失うような事態を招きます。

健康面では、頭、首から上、こぶ、腫瘍、胃腸障害などに注意しましょう。病気はじわじわと長引き、治療はすぐに効果が現れません。

二黒土星が北にめぐった場合

吉方位として用いた場合

家庭運が強化され、家族に支えられて伸びていく方位です。安定した生活の基盤が整うことで、伸び伸びと仕事や趣味に打ち込めるようになります。突出して目立つという存在ではありませんが、交友関係が広がり、信頼できる友人・仲間にめぐり合うことができます。とくに部下や後輩などとの縁が深くなり、意外にも他人の子供にも縁ができます。仕事面では、部下運がよくなります。表立たない収入もあり、財運もアップするでしょう。水商売などや大衆に向けた商売における商運は上昇し、非常によい方向に向かいます。家族で自営業を営むような人には嬉しい方位です。人が人を呼び込んで、商売が波に乗るでしょう。

健康面では、睡眠がよく取れるようになります。体が丈夫になり、冷えからくる不調は改善されます。

凶方位として用いた場合

家族や親類、子供や行きずりの人物、部下などから被害を受けるような作用があります。また子供が出来にくくなるので、妊娠を望む人は要注意です。

交友関係では、腹の中で悪いことを企んでいるような人が集まり、理解者や、信頼のおける人ほど離れていきます。仕事面では、従業員や部下から背任行為を受けるなど、突発的なトラブルに巻き込まれることもありそうです。また手がけていた企画などは横槍が入ったり、資金の援助がストップするなどの問題に見舞われ、失敗に終わるでしょう。思わぬ変化や支障に対処する気力が失われます。

気持ちにも隙が多く、忘れ物が多くなるだけでなく、盗難、スリ、詐欺などに見舞われやすく注意が必要です。

健康面では、冷えからの諸病のほか、とくに眼病の悪化を招きます。精神的に根気がなくなり、気力や体力の減退がおこるのも心配です。

二黒土星が東北にめぐった場合

暗剣殺、最悪の凶方

五黄土星の真向かいとなり、誰が用いても凶方位となります。八方位中最悪の凶方位です。

※吉方位として用いることはできません。この方位への移転や建築、開業、結婚などは取りやめることをおすすめします。

万事、行き詰まります。これまでに順調に進んでいた事業でも突然の営業不振、業務不振により撤退を余儀なくされます。悪いことに、こういったゴタゴタやトラブルは長引きます。自分自身でも決断できず、状況を放置させる結果になります。土地などの大きなものを失う方位となり、資産や不動産が手元から離れていきます。とくに大きな問題は、労働意欲の喪失です。勤勉性が失われ、働く意欲や生きがいを見失います。社交性がなくなるとともに、今まで親しかった人とも縁が切れたり、敵となったりします。他人からは疎外されていると感じるでしょう。反面、お金に執着し、欲深くなり、利益を独り占めしようと画策します。欲が原因で争いが生じ、周囲から嫌われたり、仕事を台無しにします。人を使って欲を満たそうとしたりもするでしょう。この方位の凶作用は、自分自身の不注意から始まり、危害を受ける場合は偶然から突発的に起こるため予測できません。家庭においてもトラブルが多発します。子供がいる場合は不良化したり、ひきこもったりします。母親が子供の面倒を見ないということもあるでしょう。相続問題で家族だけでなく、親類ともめ事が起きることもあります。もしくは相続者が病気になるなど、相続はうまく運ばないでしょう。

災禍と心身への影響…

- 土地・資産の喪失
- 人脈の喪失
- 労働意欲の喪失
- 消化器系の病気
- 隠し事の露見
- 関節病

三碧木星が東にめぐった場合

吉方位として用いた場合

目標に向かって大きく踏み出す事が出来ます。希望、夢を実現させる行動力を意味する方位ですから、新鮮な気持ちが満ちて、物事のよいきっかけをつくることができるでしょう。胸が踊るような出来事が待っています。

自分自身の個性や特徴を上手にアピールすることができるので、新しい仕事や、個性的な企画にも縁があり、研究などで人に認められて高い評価を得る人もいます。とくに言葉に縁が深く、その方面の仕事についている人は吉作用が大きく働きます。アナウンサー、作家、教師、営業などの仕事はとくに最適の方位になります。過去の実績や努力が周囲に知れ渡り、一躍、成功を収める方位です。すべてにおいて積極的に動くことで運がついてくるので、臆することなく高い目標を掲げましょう。

凶方位として用いた場合

一歩後退の作用が強く現れます。焦って進みすぎる、慢心から失敗するなど、考えが浅く、いい加減な部分ばかりが露見していきます。仕事、金運、家庭、すべての面で発展が止まる方位になります。悪魔のような他人の囁きに、いとも簡単に丸め込まれ、せっかくの才能や積み重ねた努力をあっさりさらわれてしまうようなこともあります。温めている作品は残念ながら没となるでしょう。陰での努力が誰かに評価されるということもありません。そのため、失敗や負債を取り返そうと焦りますが、表立って動けば、さらに失敗を重ねていくことになります。注目を集めようとして思わず嘘をついてしまうというのも凶作用の働きです。人の噂はもちろん、自分から噂の種をまきトラブルを引き寄せることがないよう、口を慎む必要があります。

健康面においては、肝臓、心臓、声帯、咽頭・甲状腺、呼吸器、不整脈、過呼吸などに注意を。

三碧木星が東南にめぐった場合

暗剣殺、最悪の凶方

五黄土星の真向かいとなり、誰が用いても凶方位となります。八方位中最悪の凶方位です。

※吉方位として用いることはできません。この方位への移転や建築、開業、結婚などは取りやめることをおすすめします。

徐々に絶望するようなことが起きます。事業などは、契約破棄や突発的なトラブルに見舞われるなど大きな問題を抱えることになります。取引や交渉事はうまく進まないでしょう。信用や信頼関係は失われ、恥をかくようなことが起きます。返す見込みのない人にお金を貸す、自らお金を借りるなど、金銭に関わるトラブルも発生します。

新しい計画ややりかけの仕事はことごとく失敗するでしょう。部下など若い男性から思わぬ災難を被ります。

また、人の言葉に騙されたり、裏切られたり、詐欺にあったりします。〝出過ぎる〟〝やりすぎる〟〝感情的になる〟〝怒鳴る〟〝騒ぎ立てる〟などと縁が深くなります。落ち着きがなく身辺が騒がしい状態になります。

取引先や信頼関係は傷がつきやすく、それによって悪評が広まったり、自信を失ったりします。残念ながら、対処することもできず、やり直しの機会がありません。人生を一変させてしまうような災難に襲われます。

災禍と心身への影響…

・離婚　・婚姻の破棄
・別居　・家庭崩壊
・嫁姑のトラブル　・火事
・交通事故　・口から入るものが原因での病気
・既往症の再発　・痛風
・長患い

三碧木星が南にめぐった場合

吉方位として用いた場合

名誉運や名声運が高まる方位です。創造的な企画やアイデアで成功したり、努力が正当に評価されるでしょう。とくに発明・発見などで高い評価を受けたり、以前に発表していたものが、意外なところで再評価されるなど、埋もれた才能が人の目に触れ開花していくことになります。

事業家や商売をしている人は、判断力がつき、時代の最先端を行く方針を立てることができます。

知的活動にはとくによい作用を与える方位ですから、研究、作品制作、思想に関わる分野を仕事にする人は積極的にこの方位を使うとよいでしょう。努力や才能を認めてくれる人に出会えたり、その地位を必要とする人物に出会うこともできます。また置かれている自分の地位を盤石にしたいなら、この方位がふさわしいでしょう。

凶方位として用いた場合

公文書・書類の読み違えや勘違い、安易な契約・捺印などで、自らの地位や仕事を失うといった危険があります。勘が鈍くなりますので、発想などにも閉塞感がでます。目先の進展が読めず、見込み違いや考え違いによって大打撃を受けることもありますが、自分自身の勘違いなので周りを責めることもできません。自分自身がぼんやりしたり、焦ったりしてミスを犯し、それが重大な事故に発展していくことが多いでしょう。人間関係でも軽率な言動をしやすく、大切な友人は去っていく暗示です。

生別・死別問わず親しい人との別れも多くなります。孤独が加速していくとともに、人生の困難を乗り越えようという気力が徐々に失われていきます。またそれを援助してくれる人もいません。火難にも注意が必要です。

健康面では心臓、眼病、頭痛、発熱、血液、不整脈、熱中症に注意してください。

三碧木星が西南にめぐった場合

吉方位として用いた場合

信じる人や信念に従って行動することで万事、成就します。また、信頼する人を説得して協力を依頼し、その人と共にすることで成功します。目標や願いを叶えたいなら、親戚や自分より若い人が意外にも援助者となります。素直な態度で協力を申し出れば、思いがけない進展が得られ、成功へと導かれるでしょう。また何事につけ粘り強さが出てくるので、仕事面にも人間関係にもよい影響を与えます。人を信頼し、自分も信頼される人物となって成功に恵まれる方位です。この方位には〝古い〟ものと〝新しい〟ものの両方の意味があり、古いものを新しいものに変えることが幸運となります。困難と思えることも、気力が十分に整うので、壁を打ち破ることができるでしょう。現状を打破したい、もうひとつ上に行きたいという向上心に応える方位といえます。

凶方位として用いた場合

今日までの努力が水の泡となります。仕事面では風評に惑わされて失敗をしたり、勤勉さが失われてまわりの信用を失うということが多発します。長年培ってきた関係でも、いい加減な部分が次々と露見していくことにより、人は去っていきます。これまで勤勉だった人も性格が徐々に変わり、口ばかりで動かなくなる、怠ける、嘘をつくといった行動をとるようになるのがこの方位の特徴です。残念ながら粘り強さが極端になくなるため、悪い作用を打開することができません。それどころか、これまで熱心に取り組んでいたことや、努力してきたこと、大切にしていたものへの愛着が突然失われ、仕事のやり甲斐をなくすだけでなく、生きる気力すら失われることがあるので注意が必要です。家庭では、母親や妻などの女性からトラブルが持ちあがったり、不動産に関わることで悩み事が発生します。健康面では胃潰瘍、胃腸炎、皮膚病、帯状疱疹に注意を。

三碧木星が西にめぐった場合

吉方位として用いた場合

会話から運を引き寄せていく方位です。新しい企画や発想が成功して金運をつかんでいきます。これまで口下手な人も能弁になり、偶然声を掛け合った相手によって、自らの成功のきっかけを得ることがあるでしょう。交渉事や取引はスムーズになります。自分の言葉が説得力をもって相手の心に響くのを実感できるでしょう。また、よい友人を紹介されるなど、遊びや飲食を通じて、人間関係を作っていきます。情報入手や目標・目的を同じくする人と出会うことができ、一気に目標への道が開けるでしょう。

また西は金銭の方位でもあり、勝負運もついてきます。思い切った策を打ちたいと思う人には最適です。これまで結婚運に恵まれない人はこの吉方を使うと好転するといわれています。とくに男性よりも女性に吉作用が働きます。

凶方位として用いた場合

派手な生活や遊びに心を奪われるようになり、つねに金銭の苦労に付きまとわれるようになるでしょう。三碧は〝驚く〟の意味、西には〝お金〟の意味があり、凶作用として『予定外の資産を失う』危険があります。一方で、〝異性・遊び〟といった意味も含み、若い子や異性にお金を騙し取られるなどの詐欺にあったり、借金を背負うはめになったりします。金銭感覚がなくなっていくので、最悪、生活費や預金を失うこともあります。

また、口からの災いには注意が必要です。口やかましくなり敬遠されたり、失言からせっかく培った信頼を失うようなことがあります。万事において、身の丈以上の口をきいたり、行動してみせたりしたくなりますが、人間の浅さを露呈することとなり、かえって信頼していた人が去っていく結果となります。

健康面では、暴飲暴食、口内炎、歯、気管支炎、声帯障害、肺、喘息などに注意してください。

三碧木星が西北にめぐった場合

吉方位として用いた場合

人の上に立って先導し、リーダーとなって成功する方位です。新しいことを企画したり大きなプロジェクトを立ち上げたり、これまで高いと思っていた目標も叶いやすく、思う存分力を発揮できるでしょう。頼まれたことは積極的に行い、自らの責任を果たすことができ、確実に成功していきます。

一方で、援助者や協力者など自らの活動を応援してくれる人が現れ、一気に目標を達成することがあります。停滞していたような物事が動き出し、努力が実って成功するとともに、その地位に相応しい風格が備わってきます。仕事も家庭もよい運気のサイクルが回り始めるでしょう。

この方位には〝投機・株式・勝負・闘う〟の意味があり、株や証券など利益にも恵まれます。事業をしている人ならば、資金繰りは順調に進みます。

凶方位として用いた場合

新しい事業展開は、大きな問題を抱え失敗へと進んでいきます。とくに一攫千金を狙って事業を計画するのは中止すべきです。万事、支障が出やすく問題発生をはらんでいます。とくに、自らが大きく打って出ることやチャレンジは裏目に出やすく、権威や地位を失うことになります。自分自身では正当な手段と思えることも、プライドや欲への執着から、これまでの地位や信頼を失う結果となります。投機事にはとくに注意しなければなりません。

また協力者や援助者がトラブルを持ち込んでくることもあるでしょう。これまでせっかく努力してきたことも、水の泡となって消えてしまうことになります。一方で精神世界や宗教関係に翻弄されることがあります。私財をなげうつほど没頭することになるかもしれません。健康面では、心臓、頭の疾患に注意を。血流が悪くなりやすく、血圧異常、脳梗塞、くも膜下出血などに災いが出やすくなります。

三碧木星が北にめぐった場合

吉方位として用いた場合

目立たない事、裏方、女房役といったことが功を奏し、確実な成果をあげていく方位です。影での努力や、目立たないところで対人関係を深めていくと、それが成功への原動力となります。一見地味な役回りが、脚光の舞台へと押し上げてくれるでしょう。

この方位には〝新しい〟〝始める〟という意味と、〝水は尽きることがない〟という意味もあり、新規にスタートした事は徐々に成功し、発展は永続的となります。始めてみたい、興味があったが手を出せなかったというものがあるならチャンスです。

交友関係は活発となり、新しい友人から思いがけないチャンスをもらうことがあります。またその交友関係は長く自分を支えてくれるものになるでしょう。仕事も人間関係も、基礎を築き、長く着実に成果をあげていくことができます。

凶方位として用いた場合

秘密にしていたことが徐々に目立ってくる、小さな嘘が大きな嘘になるなど、些細な出来事が悪い方向に向かい始め、坂道を転がり落ちるようにふくらみ、悪循環を招いていきます。

腐れ縁とか、袖すり合う縁でもよい縁はありません。人の迷惑を被りやすい方位となり、部下や自分より若い人からの失敗を背負わされたり、交友関係でトラブルに巻き込まれることが多発してきます。

とくに色情での失敗があり、異性間での問題は長く続き、関係を断ち切ることができなくなるでしょう。理屈では分かっていても、感情を制御する力が失われ、現状を打開する策が打てません。成り行きに任せてしまうことで人との信頼関係までも失います。仕事面だけでなく、家庭でも心配事が重なり、それは健康面にも影響をおよぼしていきます。神経系・泌尿器、生殖器、肝臓、腎臓、脾臓、足の指先などに注意してください。

三碧木星が東北にめぐった場合

吉方位として用いた場合

家を表す方位です。山林、山、家など不動産に関わることで利益を生むようになります。家の中が円満になり、家族に不調がある場合、それは少しずつ改善されていくでしょう。親類・縁者の援助や家族の支えにより、目標や目的をつかむことができます。

仕事面では、自らが積極的に呼びかけて活動する方が、万事によい結果を生みます。温めていた企画は発表を、事業計画があるなら身近な人に相談をすると、重要な人を紹介されるなど一気に目標達成への道が開かれます。可能性や才能が試せる場所を見出す人もいるでしょう。以前から努力していたことは、停滞から一気に進展していきます。

家庭内は身内の結束が強くなるでしょう。長男の誕生や、家の跡継ぎになる者も現れ、未来への安心感が得られます。

凶方位として用いた場合

悪い噂を立てられたり、嘘に振り回されたり、身辺がゴタゴタします。家族や親類縁者にその問題が波及することがあり、なかには住居を移転することがあるかもしれませんが、再移転する場合は更に条件の悪い所へと移ることになります。家族に関係の深い方位ですから、悪作用は、身近な人や家族に災いをもたらします。大きな出来事がなくとも、小さなストレスの積み重ねによって、徐々に家族の意思疎通が図れなくなり、結束が乱れていきます。子供がいない場合は、迎えた養子によって家庭がもめる危険があります。すべてにおいて裏目に出やすいこともあり、仕事においては、失敗を取り返そうとして焦り、さらに泥沼にはまりこむような事態を招きます。動かないことが一番ですが、周りから持ち込まれるトラブルが絶えないでしょう。健康面では、腎臓、肝臓、脊髄の疾患に注意を。また癌になりやすく、発見が遅れることがあります。

四緑木星が東にめぐった場合

吉方位として用いた場合

夢や目標に近づくでしょう。活動的になり、仕事は急速に発展します。運気に躍動感を感じることができるでしょう。思考が健康的で積極的になれるので、周囲とのコミュニケーションがスムーズになり、信頼を得られるようになります。商売などは活発にその吉作用を受けるでしょう。これまでの努力、根回しなどが望んでいた形となって現れます。過去の実績がここにきて認められて出世ということもありえます。温めていた企画や考えがあるならば、誰かに見てもらいましょう。才能や夢を生かすための努力はすべて吉となり、目標が定まっている人ほど吉作用が現れやすい方位です。

また、可能性の意味を秘めた方位ですから、興味のあることには果敢に挑戦すること。自分の思う限界より上でも成功をつかめます。

凶方位として用いた場合

せっかくよい仕事をしていても、なかなか成果につながらず、認められにくくなります。この方位には、声や音という意味があり、言葉の失敗から信用を落としていくことになります。人からの不確かな情報や勘違い、悪意のある嘘の情報におどらされ、失脚することがあるでしょう。少しの油断や不注意によって努力が簡単に水の泡になってしまいます。

また〝不決断で窮地に陥る〟〝騙されて落ち込む〟といった意味もあり、一度の失敗は生活のあらゆることに波及し、悪いことが重なり、精神的な落ち込みから立ち直れなくなる人もいます。忍耐や奉仕だけが続くため、時として過激な策に打って出たくなりますが、そういった自分から打って出ることに対してもよい縁はありません。

健康面では、神経痛、ノイローゼ、関節炎、リウマチなどに注意が必要なほか、古い病気の再発にも注意をしてください。

四緑木星が東南にめぐった場合

吉方位として用いた場合

人との縁や信頼から運が開けてきます。たとえば、新しい顧客が獲得できる、長年の知人から有効な人脈を紹介される、などです。またそういった交友関係に心を開いて積極的に行動していける気持ちの明るさや気力が調います。とくに遠方の友人、疎遠になっていた古い知人などからチャンスが運ばれることがあります。よい部下やコネクションを得ることで、業績を上げていくこともできるでしょう。友人・取引先・先輩・長年付き合ってきた人脈に窮地を助けられるようなこともあります。

心を通わせたいと思っていた人と、心が通じ合ったり、お互いを労わりあえたり、心で絆を感じる機会があるでしょう。また自分自身も人に優しくできるようになります。結婚を望んでいる人には、恋愛や結婚のチャンスに恵まれます。

凶方位として用いた場合

訳のわからない不安感があり、社交性が失われていきます。部下運、目下運、家族運はとくに不調です。交際範囲が狭まることで、自分を補佐してくれる人物や、遠方の取引などを遠ざけていくことになります。結果、世話の焼ける人物や欲の深い人物だけがまわりに残るといったことになります。

対外的に信用を失うような事件にあい、今の生活を手離すようなこともあるかもしれません。仕事ではなかなか企画が進行せず、行ったり来たりの繰り返しに嫌気がさすようなことが多くなります。タイミングを逃しやすく、目の前にあったチャンスをみすみす人に奪われることがあるかも知れません。

反面、悪魔の囁きといったものに引っかかりやすく、そういったものにのめり込んでしまいます。自らが噂を振りまいたり、誰かを中傷したり、口が災いを招くことも多くなります。

健康面では呼吸器系、風邪の悪化に注意のこと。

四緑木星が南にめぐった場合

暗剣殺、最悪の凶方

五黄土星の真向かいとなり、誰が用いても凶方位となります。八方位中最悪の凶方位です。

※吉方位として用いることはできません。この方位への移転や建築、開業、結婚などは取りやめることをおすすめします。

さまざまな別れがあります。今まで縁のあった人や大切な人との離別の方位です。友達との縁、夫婦関係などは、自分からではなく、相手から離れていくことになります。反対に、善意が見えなくなり、つながってほしくない悪意の人などと縁ができます。

また仕事面でも愛情面でも嫉妬心にかられ、神経を病むようなことになりかねません。これは警察沙汰になったり、自殺なども考えられ、物を失うより重大な災厄を招くことになります。

また、縁が切れる方位でもあります。信頼関係が切れる、会社の契約が切れる、友達との縁が切れる、夫婦関係の消滅などに縁が向かってしまいます。裏切られたり、裁判を起こされたり、親しくしていた人からの災厄があるでしょう。妙な噂を立てられたりもします。自分自身も見た目や肩書きによって惑わされることが多く、詐欺などの被害にあうかも知れません。子供、大人を問わず、いじめに縁が深くなってしまいます。

災厄と心身への影響…

・仲間はずれ　・考え違い
・裏切り　・神経衰弱
・孤独感　・手術
・出費の増大　・不整脈
・長引き失敗する　・頭痛
・アレルギー　・眼の異常
・帯状疱疹　・血圧異常

四緑木星が西南にめぐった場合

吉方位として用いた場合

仕事に対して陰日向なく精を出して挑みます。必ず誰かがそのことを目に止めてくれ、周囲からの信用を得ることで、更に励んでいきます。

この方位には〝包む〟〝育む〟という意味があり、自分自身がとても穏やかになっていることを実感し、人との信頼関係をうまく育むことができるでしょう。また人間関係が非常にうまくいきます。体を常に動かし、人との調和を保ちながら一所懸命働くことによって運をつかむ方位となります。努力は確実に実を結ぶでしょう。

恋愛面で縁の遠かった人は良縁を得ることができるでしょう。また同じように、就職に縁のなかった人もよい仕事にめぐり合います。また家族に働く意欲がなくなっている人がいたなら、この方位が最適です。働く気力を取り戻せるでしょう。

凶方位として用いた場合

働く意欲がなくなり仕事面に悪い影響が出てきます。仕事を失ったり、客が来なくなる、取引先がなくなるなど、これまでの実積が無になるような出来事に見舞われるでしょう。しかも、粘り強さがなくなるため、悪い状況を打開する策を打ち出すことができません。やけ気味になり、悪い方へ加速させ、減給や失職する可能性があります。このような悪いことは、長引き、悪評となって広く知れ渡ることになります。

またそういった失敗と気持ちの落ち込みから、せっかく育んできた人間関係を一気に失うことがあります。過度に他人の評価を意識しすぎる面もあります。精神的な落ち込みが健康面にも悪影響をおよぼし、病気にかかりやすくなりますので注意が必要です。胃腸病、帯状疱疹、皮膚の疾患には要注意です。また、なによりも仲間はずれやいじめなど、悪意のなかでの精神的な孤独感が心配です。

四緑木星が西にめぐった場合

吉方位として用いた場合

コミュニケーションが活発となり、華やかで賑やかな生活となります。とくに食事やお酒にともなう交際が活発になり、それが縁となり、大きな取引がまとまったり、嬉しい企画がもたらされたりします。人の引き立てで得をすることが多くなる方位です。成功は人脈からもたらされ、それが仕事運、金運へもよい影響を与えていきます。人の多く集まる場所にはオシャレをして出かけていきましょう。自分自身もまた爽やかで人を惹きつける魅力に溢れています。

また、旧友や友人の輪などから、思わぬ副収入を得る道が開かれたりすることもありそうですから、自分の特技や、興味のあることはいろんな人に話をしておくとよいでしょう。

すべてに活気が出るので、お見合い、恋愛問わず、よい縁談に恵まれます。

凶方位として用いた場合

社会的な信用を失います。とくに借金が増える、サラ金に手を出すなどの金銭のトラブルが起きる作用があります。部下の失態の責任を負わされて損害を被るなど、自分自身の失敗だけでなく、他人からの迷惑やトラブルが持ち込まれることが多くなり、身辺が騒がしく落ち着かない生活になります。貸したお金は戻りません。たとえ長年の友人といえども、安易に人にお金を貸したり、投資すべきではありません。また、仕事よりも遊びに夢中になり、家に帰りたくなくなってきます。家庭内にはつねに小さなもめ事がありますが、原因は浮気などの男女関係と、お金に関わることでしょう。生活も仕事も自制心が働かず、よく考えることを放棄したような生活となります。これまで勤勉だった人が遊び癖がつくといったことが起きるでしょう。健康面では、風邪から大病を患います。ウイルス、肺炎、口の疾患、歯、胃腸病に注意が必要です。

四緑木星が西北にめぐった場合

吉方位として用いた場合

自分より目上の人や、自分が尊敬する人から嬉しい援助が受けられるようになります。自分のかねてからの夢や目標は、目上である上司や先輩、または遠方にいる人によって支えられ叶えられるでしょう。滞っていた流れは動き出し、新たな発展をみせます。新しい事業や、新しい発想は万事、吉です。協力者も現れ、自らの環境を変えることができます。

また金銭の絡まない奉仕活動や趣味に従事することによって意外な福徳を受けることがあるでしょう。潜在していた才能を発見することがあり、これによって、思いもかけない新たな仕事や世界へ飛びこんだりするきっかけとなります。現状を打破したい、自分の才能をもっと試したいと願う人には最適な方位です。男性ならば仕事への意欲が増し、地位や収入が上がるとともに、威厳が出てきます。

凶方位として用いた場合

社会的な信用や威厳が失われていきます。せっかく築いた地位を失ったり、仕事の内容が合わない場所への異動など、忍耐の時間が増えます。また、周囲の協力がなくなり、忙しい割に成果があがりません。とくに目上からの協力や支援がなくなり、進んでいた企画や計画が頓挫することになります。運勢をアップさせようと、新しいことに手を出しますが、ことごとくうまくいかないでしょう。一か八かの賭けにも出ますが、そういった賭け事や投機的なことにも縁はありません。ライバルにあっさり先を越されたり、自尊心を傷つけられる出来事が多く、人に言えない精神的なダメージがあります。

家庭においても居場所がなくなり、信用を失っていきます。口論や喧嘩が絶えなくなるでしょう。

健康面では、呼吸器疾患、胃腸疾患、頭部疾患、脳梗塞、頭蓋骨の欠損、血栓のほか、悪性の風邪にかかりやすくなります。

四緑木星が北にめぐった場合

吉方位として用いた場合

社交範囲が広がり、友人や支援者に恵まれます。恋愛を楽しめ、理想の相手とめぐり合えます。ただし結婚は遅くなります。商売をしている場合は、部下、家族などの協力を得やすくなり、信用も増えて業務は発展していくでしょう。人気運や評判運にも恵まれます。またこの方位の特徴として、変化は目立たず、効果が分かりにくい面がありますが、仕事面でも家庭面でも、着実に確固たる生活の基盤をかためることができます。欲張らず、誠意を尽くしたことには確実な成果が現れます。安定を望む人や、コツコツと努力をするような人には吉の作用はよい相乗効果をもたらします。健康面では、この方位は血液の意味もあり、血液の循環がよくなり健康体になります。家庭が不安定だった人は夫婦仲の回復が望めるでしょう。子宝にも恵まれます。

凶方位として用いた場合

色情の難が出てきます。自分を律していても、仕掛けられることがあり、その一時の誘惑や不倫は家庭の崩壊にまで発展します。この方位の特徴として、悪い縁ほど腐れ縁になりやすく、ずるずると長引き、自分で決着をつけられないでしょう。日頃真面目な人ほどこの現状に引きずられて身の破滅を招く事態になります。

また思考力や判断力が鈍るので、企画や作品製作など創造力が必要な仕事の場合はとくにこの方位は最悪です。仕事面全般においても、成果とは無縁になります。対人関係においてもコミュニケーションがうまくとれず、せっかく築いた人気や信用は徐々に衰退していきます。自分の性格の悪い面がクローズアップされるようになるでしょう。健康面では冷えや寒さなどに対して弱く、抵抗力も落ちます。いったん風邪をひくと長引きますから注意を。リウマチ、神経痛、胃腸、婦人科にも要注意です。

四緑木星が東北にめぐった場合

吉方位として用いた場合

継承したいものがある場合は、よい方位となります。縁談や後継者にも恵まれるでしょう。一人っ子の場合はよい嫁や婿に恵まれたり、養子に恵まれます。跡取りとなる子宝に恵まれる場合もあります。

会社など後継者問題に悩んでいる人には、よい部下が見つかり、育ててみたいと思うかもしれません。福徳は親類や友人などから持ち込まれます。古い縁や、長いつきあいを大切にすると、運気を変えたい場合や、事業を興す場合などにも援助の手が差しのべられます。電話や、手紙、久しぶりの再会なども人の縁をつなぐきっかけとなり、幸運を運んできます。

また、家屋、山林、土地といった不動産にも縁があり、そういったものの投機的なことでは喜びが多くなります。手離すより増やし、引き継ぐことが未来の幸運を引き寄せるでしょう。

凶方位として用いた場合

この方位には、行き詰まる、止まるの意味があります。順調だった企画や取引が突然止まり、それが原因で、商売や事業の失敗を招くことがあります。大きな変化が起きる方位です。残念ながら努力をしても思うような成果が生み出せません。精神的にも落ち着きがなく、ひとつのことに打ち込めなくなり、気持ちが浮ついた状態となりますので、評判や信用は落ちる一方。これまで努力してきたことが誰かの目にとまったり、評価されるということがなく、自分の価値について考えこむようなこともあるでしょう。新しいことに挑戦しようというポジティブな発想が生まれなくなります。そういったことが、現状をより悪化させ、流れを停滞させていきます。

家庭面でもトラブルが起きやすく、とくに相続問題では支障がおきます。健康面では大腸に関する病気、癌、腫瘍、ポリープの心配があります。肩や腰、関節にも注意しましょう。

五黄土星が東にめぐった場合

吉方位として用いることはできません

何事にも分不相応なことに挑戦したくなり、大きなホラをふいたりして自ら信頼関係を壊していきます。また、他人からの迷惑などトラブルをいつも抱えることになります。研究、工夫したことが社会の信用を失い、自らを失速させてしまいます。またそれを挽回しようと、工夫したり調整したりすることでかえって事態を悪化させます。嘘をついたり、暴言を吐いたり、喧嘩をしたり、秘密を暴露したり、災いの種を自分がまいてしまいます。根回ししたことは不発に終わり、自分が誠意をもってやったことも認めてくれる人は現れないでしょう。それどころか、研究の成果などを、他人に盗まれることになりかねません。火事にも注意です。

健康面では、自律神経失調症、躁鬱病、声帯に関する病気、運動神経に関する病気などが心配です。

五黄土星が東南にめぐった場合

吉方位として用いることはできません

事業運が低下します。徐々に信用・信頼を失っていき衰退の一途をたどるでしょう。商売や事業は窮地に追い込まれ、契約は失敗に終わります。

人の流れが崩れ、人脈に陰りが見えます。腐った縁を招いて、大きな損害を被るでしょう。また信頼できる人との縁は薄くなります。自分自身も相手を信頼したり任せる度量がなくなります。疑心暗鬼にとらわれやすく、そういったことで、精神的に余裕がなくなり、よい仕事やよいアイデアが生かせなくなります。悪いことは徐々に起き、長引きます。対人関係、仕事面での問題はずるずると放置せず、決着をつけておかないと、意外なところで被害を受けることになるでしょう。健康面では路上でケガをしたり、風邪が悪化したりします。喘息、リウマチ、皮膚病、動脈硬化、癌などにも注意してください。

五黄土星が南にめぐった場合

吉方位として用いることはできません

鈍感になる、忘れる、思い違い、考え違いなどから失敗します。文書の読み間違いや計算違いなどで計画が変更されたり、契約が破棄されます。訴訟に発展するような事態を招きます。

精神的にも余裕がなく、頭が働きません。忘れっぽくなり、思い違いが頻発します。先見性や知能、才能、知性から遠ざかっていきます。リーダーシップをとっていたような人でも、不正行為に走ったり、常識はずれの行動で、卑しい人間と蔑まれるでしょう。交友面も、大切な友人と疎遠になっていき、結婚している場合は離婚の危機となります。自ら争いや事故を起こすというよりは、巻き込まれることが多く、訴訟や契約破棄などで財産を失う危険もあります。健康面では、首から上の病気、火傷、高熱、血液に関わる病気や、心の病に注意してください。

五黄土星が西南にめぐった場合

吉方位として用いることはできません

真面目にコツコツと働くことに嫌気がさし、怠けるようになります。実際に、堅実にやっていても認められないことが多く、労働意欲が消失していきます。何をやっても長続きせず、不平不満がたまります。そういった態度から問題が続出し、取引関係から苦情が入り信用を失い失業することもあります。

腐敗作用の影響を受け、家族間、親類縁者などとの不和や別れが生じます。とくに年配の女性、老女、母親との縁が薄くなり、失うか、苦労させられます。また、精神的にも、調和を考えたり、育てるということができなくなるだけでなく、柔軟性や勤勉性からは程遠くなり、怠惰に自分の世界に入り込むようになるでしょう。

健康面では、腹・膝下、消化器、腸を患います。不眠症や隠れている部分に注意が必要です。

五黄土星が西にめぐった場合

吉方位として用いることはできません

コミュニケーションや遊びでお金が消えていきます。事業資金などは都合がつかなくなります。必要なお金に困るでしょう。しかし仕事よりも遊びに心が奪われ、そういったことにもお金が出ていきます。

遊ぶお金が徐々になくなり、結果、お金の流れが止まります。経済的にかなり困窮するものの、遊興から抜け出せなくなってしまいます。

欲が深くなり金儲けに走る反面、異性に金を貢ぐなど、遊びの誘惑に勝てないまま、身を滅ぼします。

判断力が鈍り、まわりの状況が読めなくなり、つまらない口論から傷害事件などに巻き込まれるおそれもあります。健康面では、消化器系、口内炎、肺、気管支、結核、歯槽膿漏に注意してください。問題は見えない部分にたまりやすく、見えたときには取り返しのつかないことになっています。

五黄土星が西北にめぐった場合

吉方位として用いることはできません

エネルギーが正当なことに使われず、身分不相応な計画をたてたり、投資をして失敗、地位を追われたりして職を失います。努力は評価されず、コツコツと頑張っていくことが馬鹿らしくなってきます。

精神的にも、物質的にも自分から人に与えるものがなくなり、これまで自分を支えてくれた人が去り、心の支えを失います。そういったことで、徐々に無気力化していきます。経済活動や精神的なエネルギーが止まり、心が貧しくなります。反面、目上の人の反感を買うような言動をしたり、失言が多くなったりします。腐敗作用は、家庭にもおよび、家族のなかで引きこもりをする者が居たり、一家を統率する男性ならば威厳を失うようになります。

健康面では、心臓、脳溢血、脳血栓、血圧の異常、腫れ物、痛みを伴う病気に注意してください。

五黄土星が北にめぐった場合

吉方位として用いることはできません

北には病気の意味があり、とくに健康面での不調が生活に影響をおよぼします。泌尿器系、婦人科系など、下半身の病気にかかりやすくなります。大きな病気をしやすく、病気をすると長引きます。

また、交友関係では悪い友人ができて、盗難や詐欺などと縁が深くなります。殺意や恐怖などの意味もあり、精神面での腐敗が静かに進行することがあります。物事の分別がつかなかったり、妬みにとらわれたり、心が卑しくなり嘘が多くなります。強烈に表立って見えないため、自分自身でも悪い作用に気づかないまま進行させていくことになります。仕事への意欲の減退、不調感、疲れなどが感じられたら、腐敗作用が進行し始めているかもしれません。また、何かを盗んだり、盗まれたりといったことや水難にも縁が深くなってしまいます。

五黄土星が東北にめぐった場合

吉方位として用いることはできません

相続問題にトラブルがおきます。相続によって兄弟の仲が悪くなるでしょう。大切な人との縁が切れることもあります。またこの相続問題は急激に状況が変わるような事があります。不動産は、もめ事が発生しやすく、やがて失うか減らすことになります。養子縁組なども順調に進んでいても崩壊します。後継者に恵まれず、離婚などの危機に見舞われる人もいることでしょう。近い人や、古い縁、大切にしているものでの争いが絶えない方位です。

一度は成功したように見えることでも、結局は失敗に終わります。仕事は急に暇になり、目先の欲にかられて行動すると大失敗します。健康面では、神経系に関わる癌や神経系の病気に要注意を。肩、腰、骨をつなぐ関節炎、ヘルニアも心配です。早期治療しないと重病へと悪化します。

六白金星が東にめぐった場合

吉方位として用いた場合

活動力が上がり、何事も伸びやかに発展していくでしょう。事業をしている人は業績が上がり、新しい目標や目的が生まれる人もいます。絶えず動く活力があり、また動くことで幸運を引き寄せていく方位です。対人関係が活発になることによって、出会いのなかに目標を見出し、上司や目上の引き立てを受けることで、さらに目標を確固たるものにし、順調に進展していくという運があります。

今まで学んできたことや、計画してきたこと、根回ししてきた事があるなら着手するチャンスです。周囲から期待されますが、プレッシャーを力にできる気力が十分にあります。斬新なアイデアや、新しい企画があれば臆せず発表をすることです。自らの行動範囲を広げる、新しい人に会う、初めての場所を訪れるなどはすべて吉となります。

凶方位として用いた場合

目先の利益にとらわれたり、熟慮しないまま進めたりしたことはすべて無駄となります。周囲の人から勧められたことは、失敗に終わるか、苦労を招く結果となります。これまでの努力は報われないまま終わりとなりそうです。また、隠し事や小さな嘘が露見する方位でもあり、古い傷が痛むような出来事がありそうです。自分自身も些細なことを取り繕ったり、嘘を重ねたりしがちで、そういったことが目上の信用を失うことになります。反対に、これまで援助してくれていた人からの裏切りや、トラブルが持ち上がることが多くなります。これは、父親、先輩、上司など、社会的に自分より上位のものすべてに当てはまります。トラブルに対処しようと動いたり根回しすることはすべて凶となり、動けば動くほど、事態は悪化します。健康面では、今まで潜伏していた病が出てくるでしょう。神経痛、呼吸器系疾患、喘息、心臓に注意してください。

六白金星が東南にめぐった場合

吉方位として用いた場合

信頼関係を結ぶ方位です。目上の人や社会的な信用や引き立てを受けて大きく発展していくでしょう。対人関係も豊かになり、人にかわいがられます。大いに人脈形成をしてください。新しい友人や人間関係から、自分が望んでいることや目標としていた世界に踏み込むチャンスが生まれます。またそういう世界で活躍することができるでしょう。未知なるものや新規のことは万事吉となります。

多少の困難は信念で突破できる強運もあります。自ら積極的に仕掛けることが大切となり、積極的に動いたことは、何かしらの縁を運び、夢の実現はその人脈からもたらされます。とくに目上や上司など自分より地位の高い人からの縁が増えます。そういったことは恋愛面でも同じように幸運に働き、人からの紹介から結婚へと発展していくでしょう。

凶方位として用いた場合

せっかくのよい縁を失っていく方位となります。とても実現できないような話をして信用を失うとか、断れないまま引き受けて達成できず損害を出すなどにより、人が離れていきます。また自分には重すぎる仕事を受け、背伸びをして恥をかいたり、投げ出してしまうことも。失敗を挽回する判断力がなく、繕うことも下手で、争いに終始し、最後には身を滅ぼすことになります。

縁を求めながらも人との縁が煩わしく感じることもあり、コミュニケーションでは敵を作ることが多くなります。反面、インチキな宗教などにはまりやすく、私財を投じることがあります。交際範囲が狭くなり、社会に馴染めない気持ちになることもあるでしょう。些細なことが大きな問題となり、自己破滅へと自らを追い込んでしまいます。

健康面では、体調を崩しやすくなり、口内炎、胃腸病、アレルギー、鼻炎、風邪などの不調が現れます。

六白金星が南にめぐった場合

吉方位として用いた場合

勘が鋭くなり、頭の回転が早くなります。活力に溢れ、名誉職に就く、地位を得るなどのチャンスがめぐってきます。もしくは、そういった人に援助を受けたり引き立てられたりするでしょう。努力が実り、表彰されたり、評価を受けたり、多くの人に賞賛されるような成功に恵まれます。

対人面では話題が豊富になり、あなたの意見を聞きたいという人が集まるようになります。この方位の場合、これまでつながっていた悪い縁がある人は離れ、新たに自分にとってチャンスを運んでくるような人が集まります。離れていく縁を追うことはありません。また女性ならば、心も身体も美しくなるという方位です。金運は、先見の明があり、投機事や、証券などに縁が深くなります。こういったことは、自分の直感を信じてもよいでしょう。

凶方位として用いた場合

名誉を傷つけられる事に遭遇します。自分にとって不利益となる人が近づき、有利となる人が離れていく作用があり、協力者や支援者からの援助は期待できなくなります。考え違いや見込み違いが多くなり、事業や投機的なことはすべて失敗するでしょう。

誠実さや堅実さが失われ、傲慢となり、必要以上にうわべを飾るようになります。何事にも成果のみに価値を置くようになり、そういったことでは焦りから上手くいくことはありません。また見栄や嫉妬は多くの人に知られることになります。

金運はギャンブルにはまる方位となり、手元にお金は残りません。精神的にもまわりの状況や自分の置かれた位置を把握することに鈍くなり、悪い事柄にこそ深みにはまりやすくなります。

健康面では、頭の病気、頭痛、脳、認知症、不眠に注意が必要です。いつも焦燥感や、無力感を感じ、精神的に孤独を感じることが多くなります。

六白金星が西南にめぐった場合

吉方位として用いた場合

堅実に真面目に働いた成果は目に見えるかたちで現れます。事業や新企画は大きく発展していくでしょう。とくに共同事業はうまくいきます。目上の人や年配の方からの引き立てを受けて大成功する方位です。これによって収入や地位も上がります。一意専心する粘りと気力があるので周囲からの人望が集まり、信頼を得ていくことで更に飛躍していくことができます。年配の女性や男性がキーマンとなるでしょう。

また近い友人や家族の協力を得て、これまで出来なかった事に挑戦する事があります。目標や願いがあるなら、相談してみましょう。何事にも堅実に働くことが吉を運びますから、陰日向なく責務を全うしましょう。またそういった労働に対して喜びや、やり甲斐を感じやすくなります。

凶方位として用いた場合

努力をしても報われず、表舞台から遠ざかり、徐々に働く意欲をなくしていきます。信頼を失うような事態に巻き込まれることもあり、自信を失うことが増えてきます。努力は認められず、失業や左遷、収入の激減など、目に見えるかたちでの憂き目に合う人もいるでしょう。そういったことが更に働く意欲を喪失させ、怠け者になっていきます。意欲だけでなく、無駄働きに終わることも多く、金運においても、失う、無になる方位です。大きなギャンブルはもちろん、投機的なことや儲け話、新規の事業などに手出しは禁物です。判断力が鈍っているので、思い切った賭けに出るようなこともあり、築いた財産や地位が無になるようなことがありますので注意してください。家庭からの援助や人からの引き立ても期待できず、孤立した感覚があるかもしれません。健康面では、胃腸系、アレルギー、呼吸器系の疾患に注意する必要があります。

六白金星が西にめぐった場合

吉方位として用いた場合

豊かな人間関係を望むならこの方位が最適です。社交運が上がり、生活が華やかになり、経済的にも恵まれます。大きな夢があるなら行動に移すチャンスもあります。自分の希望を表明することで援助が集まりますので、臆することなくチャレンジしましょう。願っていたような結果を得られ、金運にも影響するでしょう。とくに飲食関係の事業主は大いに成功します。物質運に恵まれ、思いがけない喜びが多く、充実しているという実感を得られるでしょう。悩み事や資金などは、年齢的にも地位的にも目上の人を頼ると援助が得られます。

動けば動くほど、勢いは増し、幸運のサイクルがまわりますので、新しい人に会いにいく、新しいことを試してみるなど積極策を講じていきましょう。この方位は結果として財運を呼び込むことになります。

凶方位として用いた場合

お金が、遊びやデートなどの遊興費に流れてどんどん消えてしまいます。そのことに気づいても、派手な生活から抜け出せず、自分の身分をわきまえないお金の使い方をするでしょう。

仕事面では、見通しがきかず、勘違いや、衝動的な判断が多くなります。仕事と遊びの公私の区別がつかなくなり、友人も失うことがありそうです。勤勉さが失われるので、ミスが続出し、恥をかいたり、プライドが傷つくことも増えます。悪い流れはだらだらと続き、自分で打開策をうつようなこともなく事態を悪化させていくでしょう。また、口が災いを招きますので、余計な一言で口論や喧嘩、商談の決裂などを引き起こします。投機的なことには縁がありませんから、くれぐれも大きな勝負に打って出るような真似はしないように。健康面では呼吸器系の病気に注意してください。手術を伴う大病、事故やケガにあうこともありそうです。

六白金星が西北にめぐった場合

吉方位として用いた場合

リーダーになったり、事業主や指導者などのトップの座についたりすることに縁があります。重要な案件や責務であればあるほど、大活躍の方位です。

身も心も充実して活動的になりますから、大きな目標や目的など、一見無謀と思えるような大事業にも勝算があり、困ったときほど大人物の後援をうけることができます。また、新しい物事を思いつき、これに着手して成功して夢を実現することもありそうです。戦い、挑戦、営業活動などは自分の思い描いていた成果を生み出すことができます。またこういった挑戦や戦いはモチベーションをあげ、運気を力強く押し上げていくでしょう。動くほどに勢いは加速していきます。一方で、自らが奉仕活動を行ったり、目に見えないところで人の世話をすることで、更によい結果を生みます。

凶方位として用いた場合

人と争う気持ちが出てきて、短気を起こしたり、周囲との調和が保ちがたくなります。対人関係においては常にライバル意識が芽生えやすくなりますが、努力をして戦うわけではなく、単なる争いに終始するでしょう。また、後援者や目上の人との関係には亀裂が入りやすく、支援してくれていた人が去っていくことになります。他人からの迷惑を受けることも多くなり、不利な立場に立たされることもありそうです。賭け事や、見えないものに心を奪われるのもこの方位の特徴です。しかし投機的なこと全般に縁がありません。手を出すと財産を無くし、資金繰りに困窮することになります。奉仕活動も入れ込み過ぎて財を失う結果となるでしょう。

また、車、電車、飛行機など交通機関に関わることに縁があり、事故に巻き込まれることもあるので、とくに注意が必要です。健康面では、頭、心臓、血圧の異常、肺に不調が出やすくなります。

六白金星が北にめぐった場合

暗剣殺、最悪の凶方

五黄土星の真向かいとなり、誰が用いても凶方位となります。八方位中最悪の凶方位です。

※吉方位として用いることはできません。この方位への移転や建築、開業、結婚などは取りやめることをおすすめします。

目上の引き立てを失い、新しいことのスタートや、新規事業の着手は全く上手くいきません。根気がなくなり、あらゆることが長続きしない方位です。すべてが無となるでしょう。とくに大きな計画や、株などの投機的なことは資産を失うようなことになりかねません。また部下や目下の失敗や失態の後始末に苦労をすることになります。大きな災厄が降りかかってくるだけでなく、自殺や、子供を堕ろすなど因縁めいた話にとりつかれたり、実感するようなこともあります。

精神的には長くコツコツとやるようなことができず、根気がなく勤勉性が失われます。責任事に対しても怠惰となり、いい加減な部分が表に出てくるでしょう。しかし反面、動きすぎたり、争いを仕掛けたり、傲慢な態度に出やすくなり、自ら破滅を導くことになります。家庭内の協力がなく、もしくは家庭に縛られるような息苦しさがあります。また、泥棒、物を落とす、置き引きにあう、物を失う、騙し取られることなどに縁が深くなっていくでしょう。体調は徐々に悪くなり、長引きます。

災厄や心身への影響

- 賭け事の失敗
- 嘘をつく
- 交通事故
- 泌尿器
- 伝染病
- 冷え性
- 腰の病気
- 鼻孔や耳孔
- 帯状疱疹
- 血管
- 皮膚病

六白金星が東北にめぐった場合

吉方位として用いた場合

財産を受け継ぐか増やすことができます。周囲からの信頼が大きくなっていく方位です。とくに地位や名誉のある人とのつながりに恵まれ、そういった人たちから支援を受けて、今までの取引関係や事業が大きく好転していくでしょう。もしくは、自分自身が後継者に指名されることもありそうです。臆することなく引き受けて吉です。これにより自分の地位や生活を盤石なものにすることができます。

また新しい仕事を始めようとすれば協力者が現れますから、大きな夢や温めていた企画がある人は着手しましょう。培った技能や才能は認められやすく、努力が正当に評価されます。積極的なアピールも好印象となるでしょう。

不動産に関する運が強くなり、収入面も安定するか、財を築くことができます。

凶方位として用いた場合

財産をすり減らすような問題が発生します。凶作用は家庭にも及び、徐々に家庭の中から人が居なくなる、最後は自らがこの家に住まなくなるといったことになります。この方位には〝無になる〟という作用があり、すべてにおいて、無へと進んでいきます。仕事面、家庭面などすべてにおいて、物質だけでなく、人との縁など、長年大切にしていたものが消えてしまいます。

しかしこのような時に限って思い切ったことや、変わったことに挑戦したくなります。実行すれば、積み重ねた努力や財が無に帰すことになるので思慮深くなることが求められます。欲にかられ、大きなものや新規のものに手を出し、人の意見も聞かず実行すると失敗します。賭け事にはまったり、博打をすると、裁判沙汰になるなど、名誉や地位をも脅かします。なによりも安定した家庭や、仕事を失うことにより、精神的なダメージが心配です。

七赤金星が東にめぐった場合

吉方位として用いた場合

今日まで努力してきたことを行動に移すときです。温めてきた企画を発表する、コンクールに応募するなどは吉です。活動力と発展力に恵まれて、成功を収めることができます。

言葉に説得力が出てくるのもこの方位の特徴。自らの弁舌やその才能で大いに発展します。言葉や文字、話す仕事をする人にはこの方位が最適です。また意外な人物に出会うことにより夢や目標へのチャンスをつかむことになるでしょう。達成できた喜びは誰かに話し、素直に喜ぶことで、あらたな支援や成功を招きます。また、事業をする人なら、融資など金銭的な問題が解決していきます。

多くの人と話す機会に恵まれ自分自身も社交的になるので恋愛や結婚運も高まる方位です。出会ってすぐに恋愛に発展する可能性もあります。

凶方位として用いた場合

口が災いをもたらします。口数が多くなる、口走る、誤解を招く、口出しをするなど、余計な一言がよい人間関係を失うきっかけとなります。自画自賛や、できもしないことを話すなど、大きな口をたたいて、恥をかくことも多くなります。また口論からの喧嘩による交渉決裂など、評判を落とすだけでなく、仕事面にも大きく影響をおよぼすでしょう。

精神的にも、人の意見に素直に応じることができず、つねに批判的だったり、反抗的な言動をしてしまいます。また、身に覚えのない悪い噂に悩まされるかもしれません。喧嘩腰になるなど争いが絶えない面と、次第にやる気が低下し、怠け者になる面があり、不注意やうっかりミスなども頻発します。仕事面で支えてくれていた人など、自分にとってよい人ほど次第に離れていきます。健康面では、喘息や神経痛などのほか、歯痛、口内炎、ヒステリー疾患に注意してください。

七赤金星が東南にめぐった場合

吉方位として用いた場合

自分が望んでいることは成就できる方位です。目標に向かって努力してきたことなどは評価してくれる人が、やっと現れます。また飲食関係、旅行関係などの商売がとくによいでしょう。自然体でいるだけで、人が集まってくるようになり、契約事や縁談もまとまります。入ってくる縁は吉縁です。

対人面は自分が忙しく動かなくても活発になってきますが、講演会や研究会などの会合には、大いに出席するとよく、そういった場所で、新たな企画を生み出すきっかけを得たり、目標へ近づくための人と出会えることになります。

社交運がアップしていくため、人脈が広がり、友人が増えます。それに伴い、趣味や生活空間など、自分の生活圏がひろがり、あらたな目標や夢を見出すことになりそうです。

凶方位として用いた場合

信用を失います。口が災いを招き、誤解されることが多くなります。また、せっかく信用を得ても、過大な仕事を負わされて、かえって信用を失くす結果となります。相手を信用してお金を貸しても戻ってこないでしょう。万事、判断力、気力が低下して、まとまっていた仕事や、持ちあがっていた縁談もあれよあれよという間に壊れてしまうでしょう。小さなミスや手落ち、不足などに縁があり、小さな悪い出来事が重なり、争いが増えます。とくに、父親、会社の上司といった年齢が自分より上の男性とのトラブルが多くなるでしょう。

風邪をひくことによって体調が悪化し、運気も不調となります。小さなきっかけで、不調のサイクルが回り始めるので注意が必要です。風邪から肺炎や喘息、新型インフルエンザなどにもかかりやすくなります。また、手術後の後遺症や、医療ミスの発覚なども心配です。

七赤金星が南にめぐった場合

吉方位として用いた場合

先見の明を発揮します。直感が鋭くなり、自然と情報が集まるようになります。独創的なアイデアを持っている人は思い切って実行することで、名声を得るでしょう。研究、文学、芸術関係はチャンスに恵まれますので、コンクールや発表を控えている人には吉です。待ち望んだ結果が得られるでしょう。

ちょっとした思いつきや発言もよい結果をもたらし、小さな事の積み重ねが大きな喜びごとを引き寄せます。とくに、株で利益を得たり金銭に恵まれるでしょう。頭脳明断となり、人からの信頼も得られやすくなります。一人黙々と努力するだけでなく、心を開いて相談をもちかけると有益なアドバイスを得られたり、協力者が現れます。

仕事面でも恋愛においても、飛躍を望む人にはよい相乗効果をもたらす方位です。

凶方位として用いた場合

偽情報や、くだらない噂に振り回されます。または自分自身が、悪いと知りながら人を騙したり、でっち上げの情報を振りまいたりする立場になりそうです。聞きかじりの知識をひけらかしたり、尊大な物言いをして嫌われたり、口の災いから、地位や信頼を簡単に失うことになるでしょう。勘が鈍くなり判断力が衰えるので、金銭問題で損失を受けることもあります。とくに新しいことや、友人からもたらされる儲け話などに騙されやすくなります。またそのことによって、友人を失うでしょう。自分自身も不確かな情報で人に損害を負わせることがあり、不注意や配慮の足りなさでトラブルを招き寄せることになります。

愛情面においても、口喧嘩が絶えず、夫婦は離婚の危機に見舞われるでしょう。健康面では、ノイローゼ、躁鬱、頭の病気、脳の病気、血の流れ、口内炎、心臓に関することに注意が必要になります。

七赤金星が西南にめぐった場合

吉方位として用いた場合

最大吉方位となります。積み重ねたものや努力してきたことが日の目を見ることになります。開花のときです。これまで停滞していたものが一気に順調に動き出すでしょう。

努力が認められたり、納得のいく評価を受けることができ、達成感を味わえるでしょう。

また、にわかに転職の話が進んだり、かねてより自分のやりたかった仕事への道が開ける人もいます。自分の適職を見つけるチャンスでもあります。新しい出会いや、新しい目標を見つける人もいて、忙しくなりますが、やり遂げる気力や頭脳に恵まれますから、恐れることなく積極的に取り組んでいきましょう。やったことには、必ず評価がついてきます。

家庭内は安定し、身内の協力や賛同をうけやすくなります。結婚を望む人には、良縁に恵まれます。

凶方位として用いた場合

勤勉さが問われ、怠け者になっていきます。反面、口ではうまいことを言ってその場を取り繕うようになります。嘘をつくことが平気になってくるかも知れません。そういう行動は周囲には見透かされ、対人関係は坂道をころがるように悪化していきます。親しい友人も徐々に去っていきます。仕事面でも堅実さに欠け、うっかりミスや手落ちが多く、日常の職務にも支障をきたすようになります。徐々に信用は落ちていきます。

金運は下がるのに、出費は増えるでしょう。また、その出費を抑えるような行動に出ることができません。現実を見ず、安易な方向へと流れていきます。不動産関係では大きな損失を招く事態がおこるかもしれません。活気や元気がなくなるので、定職につかなくなる人もいます。夫が職を失い、妻が外で働くようになる場合もあるでしょう。健康面では、胃腸、呼吸器系、歯や舌の病気に注意してください。

七赤金星が西にめぐった場合

吉方位として用いた場合

金運に恵まれます。臨時収入も増えるでしょう。大きな不動産が動くとか、株で大儲けをするといった金運ではなく、常に財布には必要なお金が入っているという状態です。遊びの喜び、飲食の喜びなど、不自由のない生活で万事安泰です。また営業職など、お金についての交渉事もうまくいくでしょう。

生活にも精神的にもゆとりがあり、社交的になり、人間関係も良好になります。これまで口下手で悩んでいたような人も、説得力のある話し方で人の心をつかみます。そういったことで、上司に引き立てられることもありそうです。

家庭内でも、日々の生活に喜びが満ち溢れるでしょう。若い人ならば、恋愛や結婚運がアップするので、結婚を望む人におすすめです。人からの紹介が吉となり、お見合いではよい縁に恵まれます。

凶方位として用いた場合

金運が下がり続けます。収入の割に贅沢をするようになったり、堅実な人でも浪費癖が出ます。大きな賭けに打って出たくなり、資産を失うという憂き目にあう人も。金運の低下は家庭運にも影響して、家庭不和などのトラブルがおきます。

なぜか平凡であることに不満を抱くようになり、これまで勤勉で真面目だった人も異性関係などで泥沼にはまる危険があります。やったことのないこと、行ったことのない土地へ行くこと、転職など、生活を変えるようなことを思い立ってすぐに行動に移してしまう性急さがあり、そういった短気な部分は人間関係にも陰りを落とします。常に手順を決め合理的な方法を探すことが大切ですが、手当たり次第、現状を壊したくなる衝動にかられるかもしれません。

健康面では、口内炎や、口・鼻・肛門などの病気が心配です。歯や咽頭系の病気にも注意をしましょう。

七赤金星が西北にめぐった場合

暗剣殺、最悪の凶方

五黄土星の真向かいとなり、誰が用いても凶方位となります。八方位中最悪の凶方位です。

※吉方位として用いることはできません。この方位への移転や建築、開業、結婚などは取りやめることをおすすめします。

物事が停滞し始めます。権威を持っている人や地位のある人との争いが起き、反発を買い、仕事での成功が閉ざされていく方位です。また若い人や若い女性に翻弄されることがあります。理性が欠け本能のまま行動することが多くなり、食欲、性欲、睡眠欲にふけるようになります。性格的に喧嘩腰になりやすく、口論や争いが多発するでしょう。とくにお金の交渉では騙されたり、裏切られたり、失脚したり、大損したりします。トラブルは長く続き信用を失います。これまで支えてくれていた後援者や支援者は去っていくでしょう。父親や叔父、または社長など尊敬すべき立場の人と問題を起こすことになります。

常に口が災いを招き、ちょっとした言葉遣いが目上の人の怒りを買い、結果仕事を失うこともあります。財政的な苦況に陥りますが、投機事にはまりやすくなり、身分不相応な賭けに打って出たりする無謀な面が出てくるでしょう。すべてにおいて理性や歯止めがきかなくなってきます。手術をするような場合、後遺症を伴ったり、治療ミスで命を落とす危険も高まります。

災厄と心身への影響…

・大ケガ　・不注意
・免疫力の低下　・散財
・誤解　・暴飲暴食
・喧嘩　・多忙
・新興宗教との縁　・体内に潜在する毒素

七赤金星が北にめぐった場合

吉方位として用いた場合

無駄遣いが減って、貯蓄が増えたり、土地関係で収益を得たり、にわかに金運がつきます。

また社交的になり交際が活発になってくるでしょう。そういったことでチャンスをつかむ人もいます。取引事は問題なく進むでしょう。とくに根回しが必要な取引などはうまく運びます。陰での努力は誰かが必ず見ていてくれます。

しかし、この方位の場合、明らかに見えるかたちでの吉作用ではなく、隠れて目立たない状態です。華やかさはありませんが、堅実になることで大過なく安定して過ごせます。華美な暮らしや身の丈を超えたお金、現状を急激に変えるようなこととは無縁となり、穏やかな生活となるでしょう。若い人には物足りなく、吉作用を実感しにくい方位ですが、年齢が上であればよい作用を生かせるでしょう。

凶方位として用いた場合

期待していた収入が途絶える方位です。仕事への意欲がなくなったり、古い問題が再燃したりと頭を悩ませることが頻発してきます。副収入があった人はその道は閉ざされます。もしくは病に倒れ、やむ無く仕事を辞めるという事態が考えられます。着実に進んでいたことが、突然ぱったりと止まり、評価をしてくれていた人が転勤などでいなくなるなど、これまでのやり甲斐を感じられなくなるようなことが起きてきます。

また口喧嘩が増えたり、好意で言ったことが悪意にとられたりと口に関する災いが起こります。言葉が足りないために大問題になったり、見せかけに騙されたりするようなこともあるでしょう。

家庭内や身内では不祥事が勃発し、これまでの安定した暮らしが一変するかもしれません。色情問題、望まない妊娠などもありそうです。健康面では、腎臓病・性病などに縁が深くなります。

七赤金星が東北にめぐった場合

吉方位として用いた場合

運気が開けます。自然にしていても自分中心に回りはじめるような感覚です。滞っていた財運は明るい兆しがあるでしょう。頼りになる人脈を得たり、親類や友人から金銭面での支援が受けられたりします。これまでの努力がやっと実ったというようなことが起きてきます。よい出来事が起こるだけでなく、仕事で評価されることによってやり甲斐を感じたり、自分にあった仕事を任されたり、日々の生活に張りが持てるようになります。常に味方が側にいるような安心感があります。不動産関係によって財を成すこともあります。家族のなかに仕事に縁がないという悩みがある人がいるならこの方位は最適でしょう。男性ならば、仕事がよい方向に進展し始め、女性は旧家や地位のある家に縁があり、玉の輿にのる方位です。

凶方位として用いた場合

突然、物事がストップするような方位です。順調に進んでいた事業や企画が急に中止となったり、資金繰りが突然悪化し、不渡りを出すような事態に陥ります。とくに金運の悪化は仕事運へ影響しやすく、転業や転職を余儀なくされる人もいるでしょう。職場の内部や内容にも変化や変動がおき、急に改革を迫られる事態もあります。後継者が突然病気になるなど、跡継ぎ問題で苦労することも考えられます。問題は内部の隠れて見えないところで静かに進行し、ある日突然災難として身に降りかかります。一方で小さなお金で争いが起きたり、年上の男性との相性が悪く、父親や会社の上司とのトラブルがあります。支援者、引き立ては期待できません。自分自身でも、面倒くさい、動きたくないといった怠惰な部分が表に出やすく、信用を失うことがあります。健康面では、肩や腰、鼻炎、歯痛、癌、こぶ、ポリープなど、隠れて見えない部分の病気に注意が必要です。

八白土星が東にめぐった場合

吉方位として用いた場合

これまでの状況を反省したり、改善していくことで大いに発展していきます。努力を惜しまず培った知力・才能を発揮する機会に恵まれます。今までやってきたことに新風を吹き込むことで大きな成果を上げるでしょう。サラリーマンは昇進し、事業者や自営業者は新しいプランで成功します。目標や目的を見つけることができるでしょう。またその夢を応援する人が現れます。資金調達も順調で、情報など、お金では買えないものに成功のチャンスがあります。

またこの方位の特徴として、自分から動いたりアピールしたり、または改善していこうとしないと何の変化も生まれません。一旦立ち止まって点検し、再びエンジンをかけなおすことや、向上心が運気を押し上げますので、自分の才能を生かし、積極的に打って出ることが成功のポイントです。

凶方位として用いた場合

すべてのものが止まるでしょう。〝山のような壁に塞がれている〟状態となります。思考も、どうしてよいのか考えがまとまらず堂々巡りするようなことになります。資金の流れ、情報の入手なども滞ります。そのことでサラリーマンは進めていた企画などがつまずき、トラブルに巻き込まれるでしょう。温めていた企画は頓挫します。

この方位では、軽々しい行動や、勇み足にはとくに注意が必要になります。そういったことは万事、凶に作用していきます。また喋ること、口裏を合わせることなど、口が災いを招きます。ひどくなると虚言や悪魔の囁き、誇大広告に振り回されいっぺんに財を失うことになります。入手した情報には嘘の危険があります。形として見えないものには注意が必要です。健康面では、睡眠不足、神経痛に悩まされます。ストレスを溜めやすくなり、それがもとで病気になりやすくなります。

八白土星が東南にめぐった場合

吉方位として用いた場合

商売が上手く行きます。コミュニケーションが上手になり、信用を積み重ねます。人間関係が多彩になるでしょう。とくに身内や近親者とのコミュニケーションが活発となります。人生が明るくなるような感覚で毎日が楽しくなり、心が豊かになります。

この方位には〝結ぶ〟の意味もあり、契約事は上手くいきます。商売をしている人にもよい作用を生みます。音信不通だった人や遠方の人と再会がかない、つきあいが復活することもあるでしょう。それがよい仕事や朗報を運んできます。東南は情報交換の場所でもあり、新しい事業展開、新しい人との交友関係は吉となりますから、以前から興味があったがやれなかったことや、会いたかった人に会うなど、行動は常に積極的に打って出ましょう。この行動はグローバルなほど幸運を引き寄せていきます。

凶方位として用いた場合

交わした約束は白紙に戻ります。悪い評判がたち、引き立ててくれた人や援助者がいなくなります。突然道が閉ざされたようになるでしょう。これらの問題は人間関係の波乱を含み、友人や親類も離れていくでしょう。人間関係の〝断絶〟、事業の〝廃業〟などの憂き目にあうことがあります。サラリーマンならば左遷されるなど出世からは遠退くでしょう。自営業者や事業者は人の出入りが減り、業績は落ち込みます。このような問題を家に持ち込んで、家族に迷惑を掛けることで、仕事でも家庭でもトラブルメーカーとなります。凶作用が現れたら静かに一度立ち止まって悪を善に変えるべく方向転換をすべきですが、悪いことの動きは勢いがあり、その場所にたまる作用があります。もしくは、まわりは改善されていくのに、自分だけが取り残される場合があります。仕事運や家庭運だけでなく、病気は放っておくと悪くなる一方、早期治療が大切です。

八白土星が南にめぐった場合

吉方位として用いた場合

今まで注目しなかったことに着目することにより成功します。頭が冴え、見通しがきくようになります。アイデアを生かす仕事では、世間から注目を浴びる、賞を受ける、名誉な地位につくなど晴れやかな成功が待っています。努力が功を奏しやっと芽が出たという気分を味わう人もいるでしょう。開花し実を結ぶ方位となります。芸術や文化関係の仕事をしている人には最適な方位となります。独自の発想にも、仲間との研究にもよい成果が現れます。

商売や取引では、目先がきき、予想があたり、思いがけないチャンスや財をつかみます。思い立ったことや興味があることは早めに行動に移すことが大切です。その結果は早く出ます。また悪い人との縁が切れて、今まで離れ離れだった人との再会など、よい縁や協力者が現れます。

凶方位として用いた場合

一時的によいことが起きても長続きしない方位です。実力はあるのに、自分の才能が発揮できません。悪いことが重なるというよりも、思い違いや、想像と違う展開になるというような、物事がうまく運ばない苛立ちがあるでしょう。変転の運勢をたどることになります。不名誉なことに巻き込まれることもあります。見た目を誤る、考えが変わる、外見と違うといった、聞いた話や見た目との相違がトラブルの元となります。離合集散の方位となり、よい人物は離れ、自分にとってマイナスの人物が近づいてきます。親しい人との訴訟問題は敗訴します。財産争いも負けるでしょう。不評を買ったり、悪評が流布されるなど、自分の手が及ばないところで評判を落とします。健康面では、眼に関わることに注意をしてください。視力は目に見えて落ちていきます。また血液関係の疾患と、首から上の病気やケガに縁があります。認知症なども心配です。

八白土星が西南にめぐった場合

暗剣殺、最悪の凶方

五黄土星の真向かいとなり、誰が用いても凶方位となります。八方位中最悪の凶方位です。

※吉方位として用いることはできません。この方位への移転や建築、開業、結婚などは取りやめることをおすすめします。

女性や家庭運の場所に災いがあり、家族との不和、母親との争いが持ち上がります。また、家族が一緒に住めなくなるような災厄に見舞われるかも知れません。すべての事がことごとく裏目に出て、悪いほうに変化していく方位です。

仕事は行き詰まり、働く意欲も失っていくでしょう。これまで情熱的に取り組んでいたことに急に価値を見出せなくなったり、精神的に塞ぎ込むようになります。

すべてにおいて、〝溜まる〟ことになります。ストレスをためる、不満をためるなど。また大きな壁が立ち塞がり、進行していたもの、順調だったものがトラブルで阻まれていきます。そういったことに、対処するだけの理性が失われていき、〝中止〟〝停止〟〝打ち切り〟といった自体に見舞われます。しかし自分自身は欲深さが加速し欲の塊となり、そのことが原因で資産を失う憂き目に合うでしょう。分かっていても自分をとめられなくなり、悪い方へと勢いが加速していきます。この欲によって、すべてを失うでしょう。不動産や土地の売買などでは丸裸になる方位です。

災厄と心身への影響…

- 家庭崩壊
- 渡り歩く
- 突発的な事故
- 進退決せざる時
- 貯蓄の消失
- 打ち切られる
- 相続の失敗
- 体中の関節
- 癌
- 背骨

八白土星が西にめぐった場合

吉方位として用いた場合

日々の生活が楽しくなる方位です。物質運や金運がアップするので、飲食が楽しく、貯蓄への関心も高まります。日常生活でお金に関わる心配事が多かった人や、お金で苦労したくないという人には最適でしょう。臨時収入があり、それを家族旅行にあてるなど、金運の上昇は家庭運の上昇へとつながります。この方位には〝家〟の意味もあり、家庭内が円満に、どっしりとおさまるようになります。

また、社交的となり、それによって仕事運がアップします。博打的なことに振り回されることなく、地道に実績を積み上げていくようになります。親戚や身内、友人との交際も円滑ですから、悩み事に振り回されるようなこともなく、人生を大いに楽しむことができるでしょう。山や土地など不動産関係や後継者での喜び事にも縁があります。

凶方位として用いた場合

欲がふくらみ加速します。とくに金銭への執着が異常に強くなります。この欲によってすべてを失う方位です。生活苦に陥る人もいるでしょう。

お金に絡んで、親しい人と修復不可能なトラブルが起こるでしょう。欲から出た事業や企画はすべてことごとく失敗に終わります。お金が欲しいのに、かえってお金が出て行く結果となります。事業では仲介に仲介が入り失敗するようなことがあります。物事が複雑化していくでしょう。こういったことは、親しい友人や知人との関係に亀裂を生じさせ、離れていく結果となります。家庭でも孤独を感じ、人生の負け犬のような気分になるでしょう。状況を変えようと自分だけで動くとかえって悪化させることになります。数年単位での辛抱が必要になるでしょう。

健康面では、便秘、声が出なくなる、口内炎、舌、歯などの病気に注意をしてください。

八白土星が西北にめぐった場合

吉方位として用いた場合

巨万の富を得るというような大いなる成功に恵まれ、お金と協力者にも恵まれ、事業家は大成功するでしょう。資産運がついてくるので新規事業に打って出てもよいでしょう。新しいことを始めると資産が増えて嬉しいことがうず高く積み重なっていく方位です。また体の底からファイトが湧いてくるような感じで、気力体力ともに充実します。状況を変えようと新規の策を打ち出すことや、再起をかけた出直しなど、目上の人の指導の下でやることはすべて吉です。そのうえ地位や名声を得る運があり、奉仕活動は更にその運を押し上げるでしょう。

〝山〟〝大地〟といったことによい縁があり、山林、家屋などの不動産売買、株や投資などの投機的なこともうまくいきます。これまで行き詰っていたことがうまく回り、前途が開けるでしょう。

凶方位として用いた場合

相続問題が絡んで、私財を失います。自分が思うところの相続ができなくなるでしょう。奉仕活動・宗教活動など目に見えない精神的な活動にのめり込み、そのために散財することもあります。これまで順調に進んでいたことでも、突然援助者や協力者を失うなどして、計画は滞ります。こういった時ほど堅実さが求められますが、本人は自信過剰な状態で、自分一人で状況を打破しようとしたり、分不相応な仕事に手を出したりして失敗に終わります。ギャンブルなど一攫千金を夢見るようなこともあります。身の丈以上に大きく見せようとしたり、見栄を張ったりすることが多くなります。新しい企画など新規のことは準備を入念にしても不備が現れてきます。噂や口約束など見えないものには凶作用が強く働きますので契約関係にも注意が必要となります。健康面では、肩、腰などを含む関節、心臓、左足に心配事が集中します。

八白土星が北にめぐった場合

吉方位として用いた場合

新しい仕事が飛び込んでくるでしょう。目立たない仕事に縁があり、長く続けることで利益に貢献したり、自らも利益を得ます。部下や後輩など自分より年齢が下のものからの協力が得られやすく、仕事を分散することで、効率を生み出します。またそういったことは更に部下運を引き上げます。副業などにも縁が深くなり、趣味が実益を生むなど、利益に直結するようになります。研究成果を試したり、長年努力していたことは大きな成果を現してきます。家族や身近な人、長年の友人などが常に自分をサポートしてくれるようになり、信頼関係を長く育んでいくでしょう。

縁の下の力持ちのような存在で、自分自身もまた目立たないところでの作業や研究にやり甲斐を見出し、没頭することがあるかもしれません。

凶方位として用いた場合

体力や気力を失うことがあって、仕事に身が入らなくなります。よい交友関係が絶たれたり、さまざまな苦労が降りかかります。ひとつひとつは小さいものでも、これによって財を徐々に減らし、無一文となるような事態を引き起こします。新しい事業には手出しは禁物でしょう。財を投じ喪失する、部下に使い込みをされるなどのトラブルに巻き込まれます。自分自身の大失敗というよりもまわりの環境が悪化したり、悪い縁と深くなり迷惑やトラブルが降りかかってくることが多くなります。これによって、これまで支えてくれたり、信頼をおいていた人がいなくなります。愛情面でも、恋人との破局、夫婦関係の破綻など、築いてきたものが無に帰すようなことがあります。大切な人との別れに縁が深くなります。健康面では、消化器や生殖器系、骨・首を痛めることで根気がなくなるなどといったことが起きます。血液の流れも悪くなるでしょう。

八白土星が東北にめぐった場合

吉方位として用いた場合

すべてによい変化が起こります。行き詰っていたことも改革や改善を施すことで、よい状態になるでしょう。ただし、成功や目標の到達などはすべてトントン拍子にうまく進むわけではなく、一時的に嫌な思いをすることもありますが、必ず時が解決します。広い視野をもって事にあたることが大切です。仲間の連帯感が高まり、結束が固くなります。

前向きな姿勢と粘り強さが運を引き寄せていきます。幸い、ファイトがあり、前向きに取り組む活力もあります。また状況に応じて頭を切り替えることもできるでしょう。

また、山林や土地などの資産で多大な利益をあげるチャンスに恵まれることがあり、資産を着実に増やします。異業種交流などで得た人脈で独身者には恋愛のチャンスもめぐってきます。

凶方位として用いた場合

すべてが悪いほうへと変化し、衰退し始めます。順調だったものも突然、停滞し、焦って方針を変えるなどしても、かえって逆効果となります。変化は万事悪循環のもとになります。急激な方向転換や、変化を求めることなどは状況を更に悪化させます。

また、古い財産や土地を失うことがあります。自分自身も突然目標が変化したり、思いつきで行動したりします。反面、行動が制限されるような感覚が常にあり、四方を壁に塞がれたような閉塞感がありま す。思考パターンも新たな発想や個性を発揮することが難しくなり、企画や創造的なことでの目標などは達成できなくなります。この方位には〝山〟〝大地〟などの意味がありますが、それらへの縁が薄くなり、自分自身の居場所を失う結果となるでしょう。

健康面では、肩、関節に注意をしてください。癌、腫瘍、しこり、こぶ、血栓などはこの方位の特徴でもあります。とくに注意が必要です。

九紫火星が東にめぐった場合

吉方位として用いた場合

自らの目標や、夢で描いていた世界が現実のものとなる方位です。企画やアイデアがある人は評価され広く知れ渡るような出来事があります。それによって、出会いや出世のきっかけ、新たな仕事をつかめるようになるでしょう。

やりたいことができるようになる感覚が生まれるかも知れません。知性や想像力を必要とする仕事をしている人には最適の方位です。人気や信頼を得て、一気に成功を収めることも夢ではありません。また、この方位には〝パソコン〟〝インターネット〟など情報を使うことや、頭脳を使ったり、研究したり、腕を磨くことに縁があり、そういった活動はすべてよい成果となります。人に感動を与えるような活動にも縁が深くなるでしょう。愛情面では、情熱的な恋愛をしますが、結婚すれば円満な家庭を築きます。

凶方位として用いた場合

外面を飾るばかりで、内実が伴わず失敗します。虚言や誇張し過ぎた話をして信用を失うでしょう。残念なことに、目標や夢は遠いものとなって実現しません。自分の勘や判断力を過信するようになるとともに、大切な情報が入ってこない、または情報過多やデタラメな情報に振り回されることになります。詐欺にあったり、隠し事が見つかることもあるでしょう。精神的には、嫌だと思うことはすぐに諦め、名誉欲に走るあまり、人に対しての気遣いがなくなります。外側ばかり取り繕い、中身が伴わないため、信用や信頼が失われていくのです。

この方位の特徴として、火事や火傷の災いがありますので注意が必要です。悪い時ほど、物事を見る目が失われ、ちょっとした凡ミスが増えたり、点検をし忘れたり、だらしなくなる傾向があります。健康面では、不眠症、眼病、ノイローゼ、心身症、鼻炎、花粉症、アレルギーなどが心配です。

九紫火星が東南にめぐった場合

吉方位として用いた場合

遠い所に縁を求めるとよい効果があります。改善したいこと、環境を変えたいことなどは、国内より外国がよいでしょう。よい知らせも遠方から運ばれ、名声を得るようなことがあります。行動範囲を広げ、積極的に見聞を広めましょう。成功する方位です。

また、創造力が高まり、頭脳が明晰となります。マスコミなどに縁があり、アイデアや企画が浮かぶでしょう。それを実行して名声を得ます。学問、文筆、創造活動に縁を求める人はこの方位を積極的に利用しましょう。

社交面が活発になり、色々な人と広くつながりを求めるようになり、それが信用を得たり、仕事にプラスに作用します。取引や交渉事などに有効となり、趣味がひと役買うこともあります。活力のある、子供や若い人ほどよい作用を生かすことができます。

凶方位として用いた場合

つまらない噂に悩まされるでしょう。悪評によってせっかく築いた地位や栄光、信頼を失うことになります。間違った情報がもたらされ事業が失敗することもあるでしょう。情報の取り扱いは全般に凶作用が強く働きます。また文書の取り扱いにミスが多くなりますから、契約事、サイン、捺印などはできるだけ避けるべきです。公のものほどトラブルに巻き込まれやすく、裁判や税務問題などに災いが起ります。隠し事などは些細なことでもすべきではなく、一度問題が露見するとなかなか決着がつかないでしょう。社交面でもトラブルに巻き込まれ、支援してくれていた人や友人が離れていきます。交渉事、契約、人との縁など〝結ぶ〟ことについては不調に終わります。大事な人との別れもあるかもしれません。愛情面においても、まとまりかけた縁談がこわれ、良縁は遠退きます。健康面では、心臓、血圧、風邪、咳、感染症、伝染病に注意してください。

九紫火星が南にめぐった場合

吉方位として用いた場合

頭が冴え、非常に勘が鋭くなっていくでしょう。株式や投機的なことで大きな利益を手に入れることもあります。発明や発見の才に恵まれるので、これにより名誉を得るようなことがあります。とくに、知識人、地位の高い人との出会いが増え、かわいがられることになります。大きな後ろ盾ができることで夢をかなえるチャンスが生まれるでしょう。

また、これまでの努力が周囲に認められたり、ちょっとしたアイデアが感謝されるようなことが増えます。自分の個性について、はっきり知るような嬉しいこともあるかもしれません。そういったことで、自分の新たな夢が見つかったり、自信をもてるようになります。ファッションセンスや容姿などを褒められることが増えるでしょう。宝石を身につけることも更に運をあげてくれます。

凶方位として用いた場合

取り返しのつかない決断をしてしまうことがあります。非常に明断で知恵のある人でも、頭の回転が鈍くなり、あらゆる事態への想像力が失われるため、思いがけないトラブルに見舞われます。また、こういったトラブルが頻発するとともに、理想の世界に身を投じることとなり、人の意見を聞かず周囲から孤立することになります。あらゆる面において頑なさが現れ、はっきり目で確認できるようなものも感情が邪魔をして見落としたり、騙されたりすることが多くなります。公の書類や公の会議など大切な場面ほど災難が降りかかりますので、書類への記入、印鑑にはとくに注意をしてください。トラブルは一度起きると長引き、悪評が知れ渡るようなことになります。また頼りにしていた人が離れ、逆に自分にマイナスの影響を与えるような人と縁が深くなるでしょう。大切な人との離別があります。眼病や視力の低下、血流の病、頭痛に注意です。

九紫火星が西南にめぐった場合

吉方位として用いた場合

仕事が忙しくなるでしょう。本業で大成します。勤労意欲が湧き、何事にも真面目に取り組みます。その姿勢は必ず誰かの目にとまり、報酬や昇進といったかたちの目に見える評価を受けるでしょう。サラリーマンの場合、組織の改変などで活性化を図り、リーダーシップをとっていくようになります。商売運、営業力も上昇します。とくに共同事業では大きな成功をおさめます。不動産運にも恵まれます。

気力・体力ともに十分備わり、根気が出てくるため、勤勉に働くようになります。仕事にもやり甲斐を感じることができるので、少し忙しくなるでしょう。気ぜわしい部分もありますが、万事、自分の調子があがっているので、テキパキとこなし、更に信用を高めていくことになります。家庭面もまた、家族が和合し、協力的な雰囲気へと変化していきます。

凶方位として用いた場合

安泰だった仕事が不調、不安定になっていく方位です。強引に進めていたことはストップし、交渉やトラブルは長引きます。物を明白に見る目や先を見通す力が失われるため、やることなすこと、裏目に出てしまうでしょう。積極策や自分だけで決断することはすべて凶作用が強く働きます。

吉方位として作用した場合には自分の調子が上がっていくことを実感できるのですが、反対に不安感に悩まされます。頭にモヤがかかったように見渡しがきかず、次第に気持ちが怠慢になり、節度を失うようになるでしょう。気持ちが不安定になることで、対人関係にも悪影響を及ぼします。今まで応援してくれていた親しい友人は離れていき、愛情面では、家庭内の不和が原因で心配が絶えなくなります。

健康面においては、胃腸、心臓病、皮膚病、脱毛、神経症に気をつけましょう。仕事が上手く行かないのでストレスがたまりやすくなります。

九紫火星が西にめぐった場合

暗剣殺、最悪の凶方

五黄土星の真向かいとなり、誰が用いても凶方位となります。八方位中最悪の凶方位です。

※吉方位として用いることはできません。この方位への移転や建築、開業、結婚などは取りやめることをおすすめします。

自分の名誉のために背伸びをしたりして口論がたえなくなります。見込み違いや不注意などでとりかえしのつかない失態を招くことになります。一言多かったり、口約束で騙されたり、口に関するトラブルが起きるでしょう。同じように口に関することで対人関係の摩擦が起きます。これがすべての災厄の元となり、地位や名誉などを失うことになります。

公文書・印鑑など公の書類で詐欺にあうようなことがあります。

女性問題で家庭内がもめることがあります。また家庭内の女子に不調が現れやすくなる方位です。この方位で出会った男女は腐れ縁によって、お互いが破滅するまで別れられなくなります。一方で大切な人との〝死別〟〝生別〟と縁が深くなってしまいます。苦しいときには誰かに相談するというよりも自分自身が騒いで争いを招き、人から疎んじられたりする結果となります。大事が起こるたびに人は離れていき、対人関係の摩擦からすべてを失います。騒ぎを起こしたり、争いを仕掛けたり、身辺は落ち着かず、心のなかは孤独になっていくでしょう。

災厄と心身への影響…

・女性問題　・口、歯の病気
・火事　・目の疲労（視力の低下）
・裁判　・心臓病
・詐欺　・虚言
・対人関係の摩擦　・喧嘩
・肺の病気

九紫火星が西北にめぐった場合

吉方位として用いた場合

名声のある人、地位の高い人、目上の人からの引き立てを受けるようになります。この方位では学問全般によい作用を生み出しやすく、創造活動にも結果が出る方位です。望んでいた評価や目標へのチャンスをつかみ、成功をおさめるでしょう。学問や学術に関わる仕事や、著述業など、頭脳を使う仕事には最適です。

先見の明が働くので、勝負的な勘も冴え、事業や商売、新しい企画などは成功します。とくに新たな計画や事業は吉です。発案事が認められて、高い評価を受けるだけでなく、儲けが出たり、出世したり、新たなポストについたり、目に見える成果を手にし人生が大きく花開くことになります。創造的なことはすべて吉となり、人に感動を与える活動や慈善事業、福祉などの事業では協力者が現れるでしょう。

凶方位として用いた場合

家の中がゴタゴタし、親子喧嘩や夫婦喧嘩など争いが絶えません。組織内でも上司と部下との権力闘争が始まるでしょう。新しく事業を起こした場合は大金を失う事になります。もしくは、株やギャンブルで大博打を打って財をなくしたりします。

自分自身が傲慢になったり、頑固な面がクローズアップされてきます。同時に、相手の考えていることがよく分からなくなるでしょう。普段なら頭脳明晰な人でも、感情の混乱が判断を鈍らせていきます。精神的にはつねに落ち着かずイライラした状態で、交渉事なども喧嘩腰になります。このような状態は仕事面に悪影響をおよぼし、援助者が居なくなり裏切られることもあります。〝紛争〟〝抗議〟〝警告〟〝虚飾〟といったことに縁が深くなり、トラブルは大きく発展していくのがこの方位の特徴です。健康面では、頭、首から上の病気、くも膜下出血、脳腫瘍、血圧の不安定が心配です。

九紫火星が北にめぐった場合

吉方位として用いた場合

新しい援助者を得たり、協力者や部下に恵まれるでしょう。その人たちによって新しい事業の開発や提案事項が生まれ、大きく発展していくことになります。自分自身も人を見ることができるようになり、よい仲間や友人に恵まれます。人に助けられたり、共同で作業することは成功していくでしょう。

身体がだるい、冷えるなど病気とはいえない不調や、病弱だった人は体力がついて、丈夫になります。気持ちの弱さや、不安定感も徐々に解消され、物事に対してポジティブに打ち込んでいけるようになります。精神的な自立を感じるでしょう。

また知識の充実に励むことで趣味が実益を生んだり、二足の草鞋を履くといった、副業運に恵まれます。とくに創造的なことや、研究面、職人的な仕事などにはよい作用が働きます。

凶方位として用いた場合

親しい人に裏切られたり、援助者、協力者達の失敗、失態によって自分自身の運気が悪い方へ転がっていきます。創造性を発揮するような仕事や学問の研究などは、判断力や頭脳に陰りがあり最悪の方位となります。研究していた事や趣味で続けていた事があれば辞めることになります。または負担が大きくなるでしょう。この負担は続けていくと長引き、別のものを失う結果となります。九紫には〝地位〟の意味があり、悪い方に作用する場合、地位を失う危険に常にさらされている状態です。

また、あらゆる別れと縁が深くなり、友人・知人が遠くに離れたり、頼るべき人が去っていったり、また大切な人との別れもあるでしょう。身辺は急速に閑散とし、精神的にも孤独になるでしょう。仕事面だけでなく、家庭においても孤独を感じます。

健康面では冷えからくる諸病、腎臓・膀胱に注意してください。急激に体調が変化します。

九紫火星が東北にめぐった場合

吉方位として用いた場合

今まで行き詰っていたことがよい状況に改善されます。すべてによい変化の兆しを感じるでしょう。精神的にもファイトが湧いて前向きに取り組むようになります。仕事の改善や、身の回りの改修・改築・リフォームをすることによって更によい運気を得ます。この方位において〝変化〟〝改革〟〝改善〟は福徳を招きます。とくに綿密な根回しと準備を着実に進めてきたことなら大成功するでしょう。起業や転職、人事異動なども全般的にはよい変化が訪れます。

また、家庭内の結束が強くなり、思わぬ資産や資金を手に入れる事があります。仲違いしている人があれば意思の疎通をはかってみるとよいでしょう。夫婦でこの方位に向かうと、家庭を振り返るよいきっかけが訪れます。結婚を望んでいる人は、親類や知人の紹介から良縁に恵まれます。

凶方位として用いた場合

環境を変えたい、転職をしたい、仕事を変えたいなど変化に関することはすべて凶の作用が強く働き、悪い結果を招きます。とくに相続問題では、身内間で争うことになり、骨肉の争いに発展します。すべてにおいて悪い方向に変化していくようになり、順調だったものは突然停滞します。しかし焦って方針を変えても、かえって逆効果になるでしょう。

小さなトラブルが大きな問題に発展することが多く、刑罰に触れたり、詐欺にあったりすることもあるでしょう。または、些細な嘘が悪評を招いたり、自分が思い描くより大事になることが多くなります。家庭においても会話が極端に減り、殺伐とした雰囲気となり各々が部屋に閉じこもるような関係になるでしょう。健康面でも、些細な病気が大病へと発展する方位です。健康面では癌やポリープなどに注意が必要です。またケガや、発熱、生活習慣病などは、徐々に悪化していくので注意してください。

日本の都市の方位

大阪から見た各都市の方位

東北	東	東南	南	西南	西	西北	北
京都 名古屋 金沢 新潟 長野 前橋 東北地方 北海道	奈良 松阪 豊田 静岡 伊豆 横浜 東京 浦和 千葉	橿原 吉野 勝浦 八丈島 伊豆諸島 小笠原諸島	高野山 白浜 潮岬	和歌山 徳島 高知 大分 熊本 宮崎 鹿児島 沖縄	岡山 広島 下関 高松 松山 福岡 佐賀 長崎 五島列島	神戸 姫路 鳥取 新見 松江 出雲 隠岐諸島	川西 綾部 舞鶴 丹後半島

東京から見た各都市の方位

東北	東	東南	南	西南	西	西北	北
つくば 水戸 いわき 福島 仙台 盛岡 旭川 釧路 根室	船橋 成田 銚子	千葉 市原 木更津 勝浦 鴨川	館山 横須賀 三宅島 八丈島 小笠原諸島	横浜 伊豆 大島 静岡 伊勢 和歌山 高知 鹿児島 沖縄	甲府 名古屋 福井 京都 大阪 山陰 松山 福岡 長崎 熊本	秩父 前橋 長野 長岡 富山 輪島 金沢 高山 加賀	宇都宮 日光 会津若松 新潟 山形 秋田 青森 函館 札幌

世界の都市の方位

吉方位

東
ハワイ、サンチアゴ、アルゼンチン、ウルグアイ

東南
オークランド、クライストチャーチ、マウントクック、フィジー、タヒチ、ニューカレドニア、西サモア、トンガ

南
グアム、サイパン、シドニー、グレートバリアリーフ、メルボルン、タスマニア、ニューギニア

南西
香港、マカオ、シンガポール、バンコク、ペナン、プーケット、上海、台湾、ケープタウン、マダガスカル、パース、モルジブ、セーシェルズ、バリ、セブ

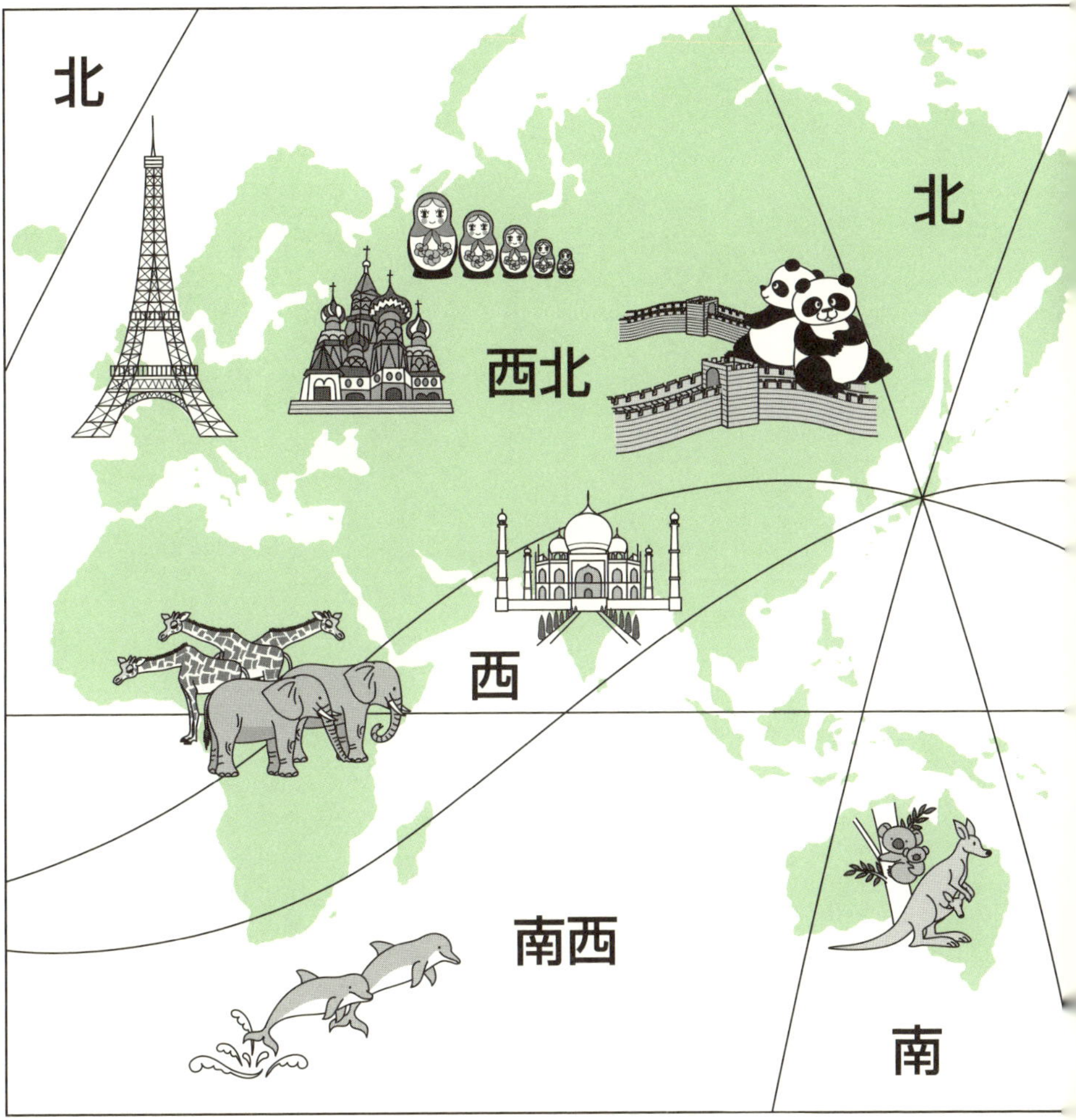

西

ナイロビ、タンザニア、デリー、
ボンベイ、カルカッタ、
パキスタン、ネパール

西北

モスクワ、キエフ、バイカル湖、
パリ、ロンドン、ローマ、
ウィーン、アテネ、バルセロナ、
マドリッド、アルプス、
コペンハーゲン、カイロ、
モロッコ、北京、ソウル、
ベルリン、フランクフルト、
サンクト・ペテルブルグ

北

サハリン、グリーンランド、
アイスランド

北東

ニューヨーク、サンフランシスコ、
ロサンゼルス、マイアミ、
ワシントンDC、ラスベガス、
ニューオリンズ、シカゴ、
ボストン、シアトル、ケベック、
バンクーバー、ナイアガラ、
モントリオール、アラスカ、
ブラジル、ペルー、カリブ海、
メキシコシティ、アカプルコ

COLUMN

日本の暦

九星気学においても「暦」は欠かせない存在ですが、日本の暦はいつごろから人々の間に広まったのでしょうか。

日本の暦はもともと中国で発達したもので、この地球上に棲む生物は、私たち人間も含めて、すべて大宇宙の法則によって支配されているという考えに基づいて作られたものです。

この思想が日本に入ってきたのは、いまから約一四〇〇年ほど前、推古十二（西暦六〇四）年だと言われています。

時の中央政府に中務省（なかつかさしょう）という暦を司る省庁がつくられ、中国の「天文術」や「陰陽五行説」に基づく暦注（占い）がはじまりました。

これが、貴族たちの間に広まり、毎日、暦を見て「今日はよい日だ」とか、「今日は新しいことをするのを控えよう」といった、日ごろの行動の規範になったのが、日本で暦が広まったきっかけです。

江戸時代に入ると、暦は庶民の手に渡り、大衆化されますが、急激に全国的に広まったために、地方ごとにばらばらになってしまいました。そこで、幕府は暦の内容を統一するように制限しました。

現在でも私たちが、全国共通して、結婚式やお葬式の日取りを選ぶ習慣は、その思想が今も生きているからです。

第5章

よい日取りの見方

大切な日にはよい日取りをしよう

日取りとは

よく私たちは「日取り」と言う言葉を使います。

結婚式をいつにするかという話でも、「結婚式の日時を決めましょう」より、「結婚式の日取りを……」という言い方をします。

では、なぜ、わざわざ「日取り」という言葉を使うのでしょうか。

それは、昔から、日本人は一日という「日」や「時間」、さらには「方角」を強く意識して、毎日の生活を営んできたからです。

結婚式を挙げるにも、たくさんある「日」のなかから、「その日」を選ぶだけでなく、「時間」も考える。それは、「他の日」ではなく、「その日」の「その時間」が、もっとも二人の将来の幸せを運んでくれる「日」や「時間」だと信じていたからです。

お葬式も同様です。故人があの世に旅立つために最もよい日、よい時間を選んできたのです。

農作業を始めるにも、また、旅や引っ越しをする時も同様です。

このように、一年三六五日のなかから、日本人ははるか昔から、その行事にふさわしい「よい日」や「時間」、「方角」を選び取ってきたのです。

「よい日」を選び取る——「日」を取る、すなわち、「日取り」ということです。

では、いったい、いつが「よい日取り」なのでしょうか。

それを見つけるために昔からあるのが「暦」です。

また、暦でその年ごとに、あなたの「運」の勢いもわかります。

あなたの人生で大切な出来事を無事に終わらせるためにも、あなたの「運」のよい年と「よい日取り」、さらには「よい方角」も確実に選び取りましょう。

最高の年、月、日、方角があるのですから。

引っ越しの日取りの決め方

何かと面倒な引っ越し。あげくに、引っ越してから隣近所とトラブルが続いたり、身体の調子が悪くなったりするケースもよく耳にします。

昔の人は、そういうことが起こらないように、前もって、自分の「運」の勢い、すなわち「運気」を調べておき、「日取り」や、「方角」を合わせて、引っ越したものです。

現代は、超スピード時代。そんな悠長なことはやっていられないかもしれませんが、引っ越した後でいろいろな問題で悩むぐらいなら、引っ越す前にもっと時間をかけたほうがよいと思いませんか。

たとえば、こんなことを知っておいてください。

人それぞれに、「よい方位（吉方）」と「よくない方位（凶方）」があり、この方角は個人で違い、しかも毎年毎月変わります。

さらに、全体運として、その年ごとにあなたの「運気」が違いますから、引っ越しは、あなたの「運気」がよい時に、「吉方」に向かえば、引っ越し後の生活が安定し、「よいこと」が起こるということです。

それを知るためには、あなたの「本命星」から引っ越す時期の「運気」と、「方位」を暦であらかじめ調べておくようにしましょう。

やり方は簡単です。

まず、引っ越し先が自分がまだ住んでいる家から見て、どの方位にあるか確認をします。地図上で方位をみる時は、P114にあるように北の方位に気をつけましょう。

そして、暦の自分の「本命星」の月の運勢を見て、その引っ越し先が「吉方」になる月を選んで、実施してください。

急な転勤などで「方角」を選べない場合でも、日ごろから「よい日取り」を暦から選び取る努力をしていれば、「備えあれば憂いなし」です。

結婚式の日取りの決め方

結婚式の日取りというと、「縁起がよい」と大安吉日を選ぶ人も多いでしょう。

この大安（たいあん）と、先勝（せんかち）、先負（せんまけ）、友引（ともびき）、赤口（しゃっこう）、仏滅（ぶつめつ）が「六輝」で、六曜星ともいいます。暦法の一つで、それぞれの星にあたる日の吉凶を占うのに用いられます。

「大安」は「泰安」、すなわち無事安全の「安泰」に通じるところから、すべてにおいて危険の要素のない吉日とされ、結婚式やおめでたい催しは、この日に行ったほうが無難であるというわけです。

ただし、結婚式は「大安」でなければいけないということはありません。次のように、時間の制限はあるものの、他の日でも結婚式に「よい日」がありますす。結婚式の日取りを決める時は、この「六輝」と結婚式場のスケジュールを合わせましょう。

- 大安—終日、吉
- 先勝—午前中なら吉
- 先負—午後なら吉
- 友引—午前十一時～午後一時をのぞくと吉
- 赤口—午前十一時～午後一時なら吉
- 仏滅—終日、凶

また、結婚式の当日だけでなく、結婚後も末永く幸せに暮らせるよう、新婚生活をスタートする新居への引っ越しが吉方位となるようにしましょう。

具体的には、まず、新居の場所を決めます。それぞれの現在の住まいからの吉方位を見て、その吉方位が重なるエリアから新居を選びます。

次に、二人とも吉方移転となる月を見て、引っ越しの日を決めます。二人の吉が合わない時は、世帯主にとって凶方位でない月を選ぶようにします。

このように、吉方位にある新居に、タイミングよく引っ越しできる日を決めてから、逆に結婚式の日取りを決める場合もあります。

子宝に恵まれるには吉方位へ

現在、「できちゃった婚」で結婚される方もいるなかで、子供が欲しいのに、なかなか子宝に恵まれないご夫婦もいらっしゃるようです。

その原因はいろいろありますが、医学的な面をのぞくと、意外にも「方角」が関係している場合があるのです。

たとえば、結婚式の日取りは、暦通りに大安を選んだにもかかわらず、結婚式後の新居選びは、単に交通の便や家賃などだけで選んでいないでしょうか。

また、せっかく暦で結婚式に「よい日」を選んだのに、新居探しに「凶方」の方角の物件を選んでしまったら、子宝どころか、新婚生活にも悪い影響をもたらす可能性もあるのです。

ですから、赤ちゃんが欲しいのに、なかなか恵まれないと悩んでいるなら、できるだけ早い時期に、吉方位に引っ越すことです。

引っ越しの方角や日取りの選び方については、P191に書いておきましたので、ぜひ、参考にしてください。

「暦」に書かれている吉方位に引っ越すと、それまで停滞していた「運気」が上昇し、あなたの家庭運、愛情運、仕事運、金運などがアップします。そうしたすべての良運に囲まれたところではじめて、子宝にも恵まれるというわけです。

その際、大事なことは、できるだけ、夫婦共通の吉方位を選ぶということです。

二人の運気がよい時を選び、子宝に恵まれるといわれる「南」「西南」「北」の方位に、二人とも相性のよい星がめぐる時に引っ越してみましょう。

ちょっと体調が悪いので、病院に行ったら、「おめでたです」といわれる日もそんな遠くではないかもしれません。

それは、あなたのすべての運気が上昇して、赤ちゃんを迎える準備が整ったということなのです。

金運に恵まれる方位と日取り

人間、生きていくかぎり、「金運」を無視するわけにはいきません。幸せをつかもうとすれば、額の大小はあれ、お金をまったく無視するわけにはいかないのです。

九星には、持って生まれた金銭感覚がそれぞれあります。

一白水星の人はコツコツ貯蓄型、二黒土星の人は人間関係からお金につながるタイプ、三碧木星の人は浪費癖があり、四緑木星の人は執着心が無くどんぶり勘定、五黄土星の人はお金をひきつけるパワーが絶大で、六白金星の人は節約や貯金が苦手なタイプ、七赤金星の人は高級志向で贅沢好き、八白土星の人は節約家、九紫火星の人は行動力に伴う出費が多い、など九星ごとに特性を持っています。

しかし、どんな人でも、「金運」がアップする「方角」があるといわれたら、それを探したくなるでしょう。

実は、その方角が「暦」にはしっかりと書かれているのです。

では、あなたが「金運」をキャッチし、高めていくにはいったいどうしたらよいのでしょうか。

「金運」をつかむには、吉方移転が第一で、その年、その月の自分の「吉方」を積極的に用いることです。

そのために、「暦」をつねに見て、どの方角が自分の「吉方」であるかを知り、そちらの方角にある会社と取引をしたり吉方の銀行にお金を預けたりすることで、「金運」が上昇するというものです。

また、金銭に関する「吉日」も暦には書かれています。「一粒万倍日（いちりゅうまんばいび）」は、一粒のモミが万倍の稲穂になるという日で、金銭に関することには大吉だといわれています。宝くじを買うなら、この日ですね。

ただし、この日に借金をすると、たちまち膨れ上がりますから、くれぐれも用心してください。

就職がうまくいく日取り

就職や転職活動をしている人にも、「暦」はおおいに役に立ちますので、ぜひ、参考にしてください。

たとえば、就職先を選ぶ時は、求人情報を得た時期と、自分の住んでいる家からその会社の本社がどの方向にあるか、まず、調べてみましょう。

その時期の自分の「運気」がどうなっているか、試験日のときの「運気」もわかります。

さらに、その会社の位置が東南、西北、西、東北にあれば、試験に合格さえすれば、一生安泰で充実した人生を送れるに違いありません。これは、東南には信用、西北には充実、西には金銭、東北には財産という意味が隠されているからです。

さらには、就職試験を受ける日によっても「よい日」があります。

それを見つけるには、「暦」の行事欄の中段の下に漢字ひと文字で書かれた「二十八宿《にじゅうはっしゅく》」を見てください。「二十八宿」とは、月が天空を一周する間に通る星の宿のことで、この日、月がどこに泊まるかという宿によっても、さまざまな吉凶がわかるのです。その「二十八宿」の「張《ちょう》」という日は、特に就職によい日です。就職における面接日を選ぶことができるなら、就職によいとされている、二十八宿の「張」の日を選ぶとよいかもしれません。

ちなみに、就職試験がうまくいく日を次に挙げておきますので、参考にしてください。

- 張―就職に関することに大吉の日
- 天赦日―一年のうちで最上の吉日
- 大安―何事にも大吉の日
- 先勝―午前中なら吉
- 先負―午後なら吉

もし、一次試験に合格し、面接日がこの5つのどれかに当たったら、気持ちを楽に持って面接に臨んでください。

独立開業によい日取り

「暦」が就職活動に役に立つことは書きましたが、もちろん、独立や開業したい方にも、とても効果があります。

会社を設立したり、カフェや花屋さんを開店したりするには、資金が必要なだけではありません。万一、事業に失敗でもしたら、それまで蓄えていた貯蓄を失うだけでなく、多額の借金を抱えてしまうかもしれません。

いわば、独立開業は、ここで成功するかしないか、人生の大きな賭けともいえるのではないでしょうか。

それだけに、独立や開業を考えている方は、より確実な成功を目指して、「暦」を使って、会社の「方位」や創業の「日取り」を意識してほしいのです。

その会社の定款における主となる職種に合った方位を選ぶ必要があります。最も無難な方位は、東南や西北となりますが、メディア系やデータ通信系ならば、東や南も大変効果的となります。

その理由は、これらの「方位」には営業と創造性の意味があるからです。

また、開業日は結婚式や引っ越しの「日取り」と同じで、自分の「運気」が一番よい年回り、月日を選んでください。「運気」は9年サイクルで規則的に動きますから、動き方を知ると、どの年に一番「運気」がよいのか判断ができ、自然と運を味方につけた行動をとれるようになります。

たとえば、「運気」がよい時は、何事も強気で進めたほうがうまくいき、逆に、「運気」が低迷した時は、安全策をとることができます。

ですから、独立や開業を考えている人は、思いついたらすぐに実践するのではなく、「暦」を通して、「運気」の流れをじっくり観察し、ここぞという年、最高だと思う「日取り」で、実行してほしいと思います。

付録

一白・四緑・七赤の年　子卯午酉の月盤

寅2月立春より

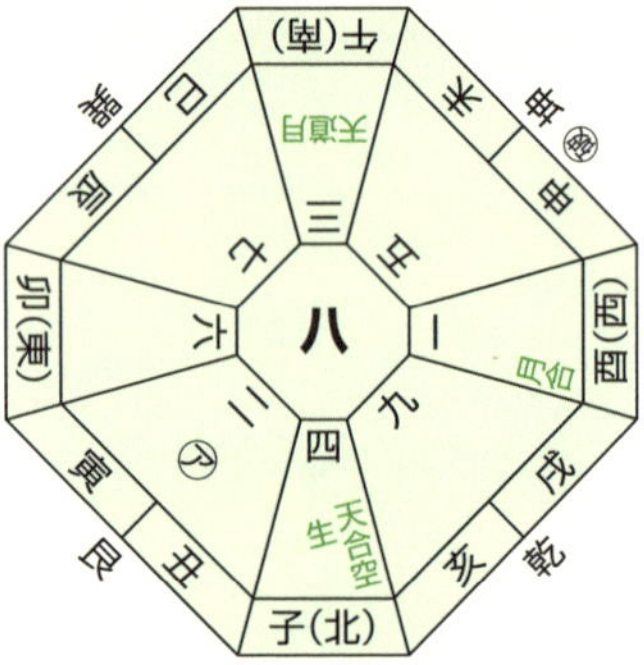

卯3月啓蟄より

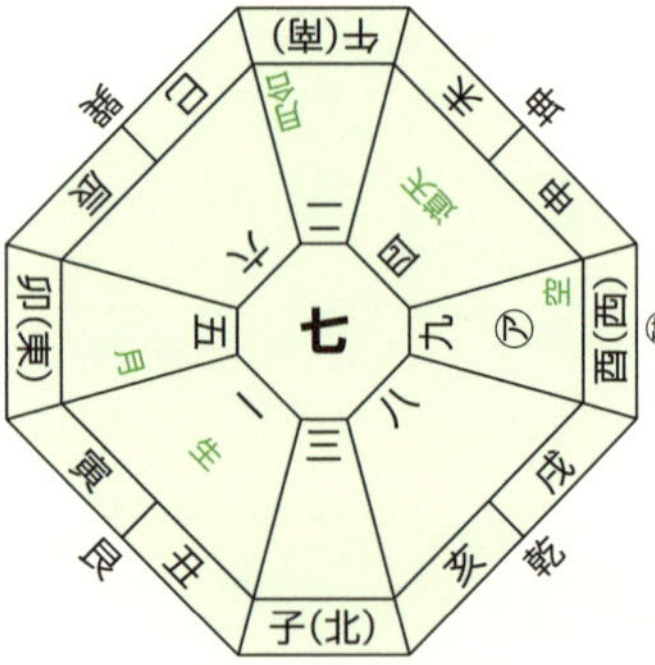

辰4月清明より

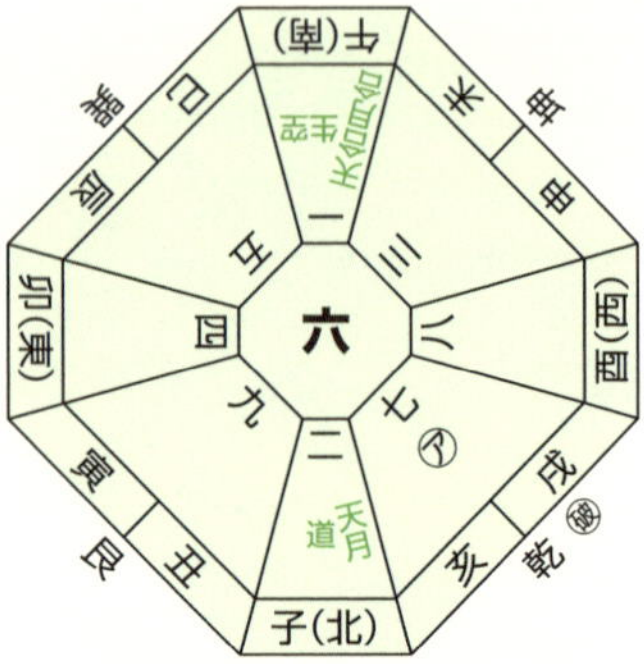

巳5月立夏より

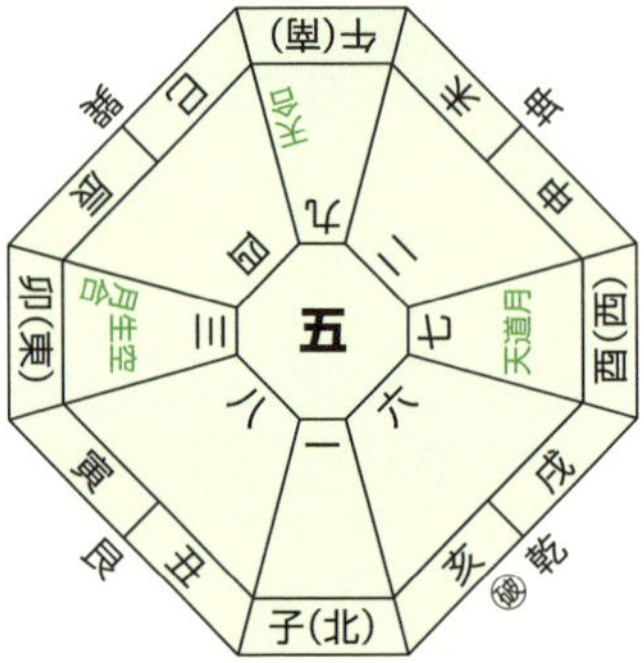

午6月芒種より

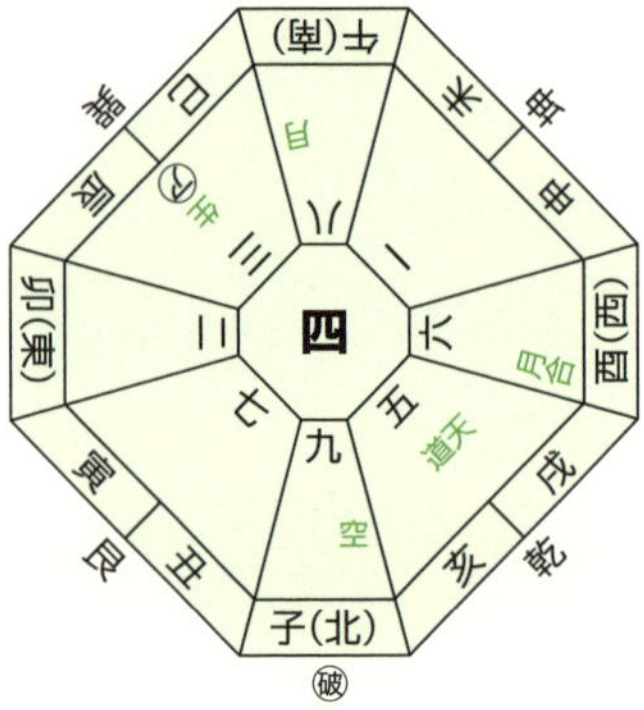

未7月小暑より

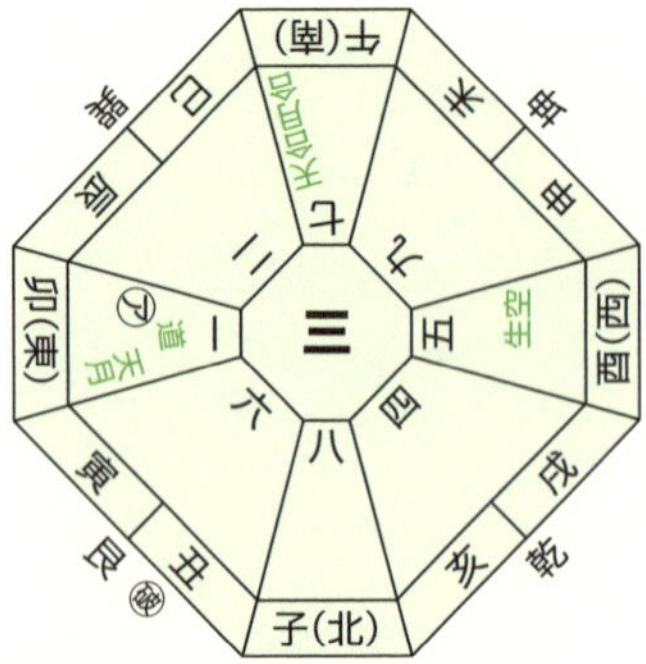

生気(生)、暗剣殺(㋐)、月破(㊥)

（注意）毎月の節入りの日から月盤が変わる

申8月立秋より

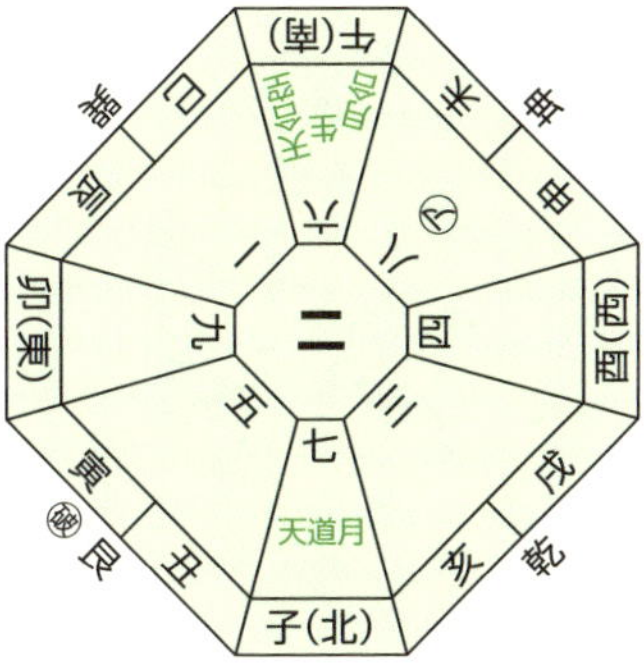

酉9月白露より

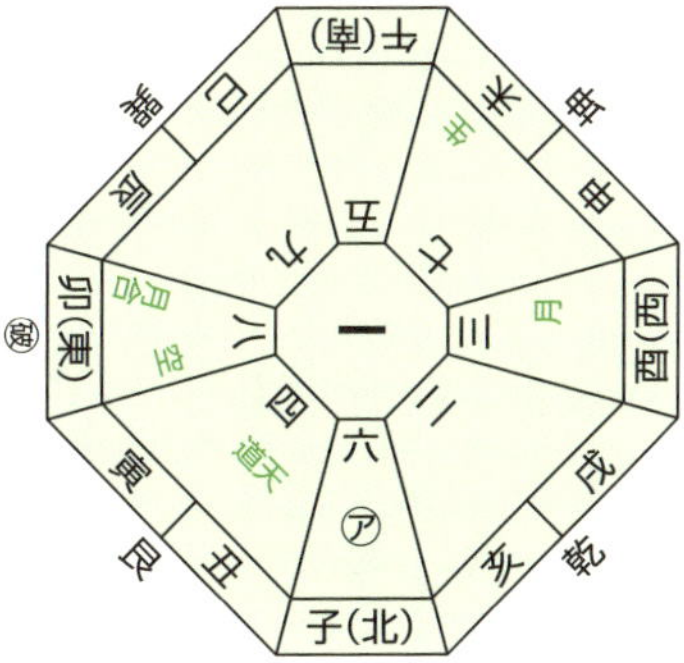

戌10月寒露より

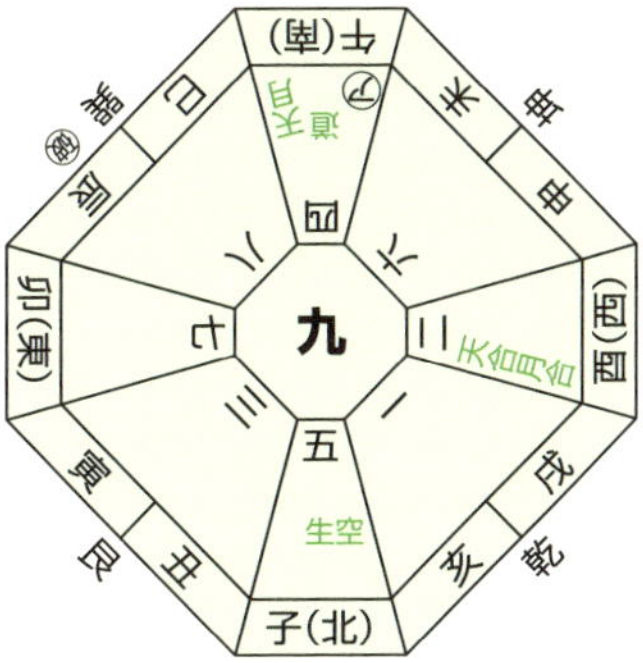

亥11月立冬より

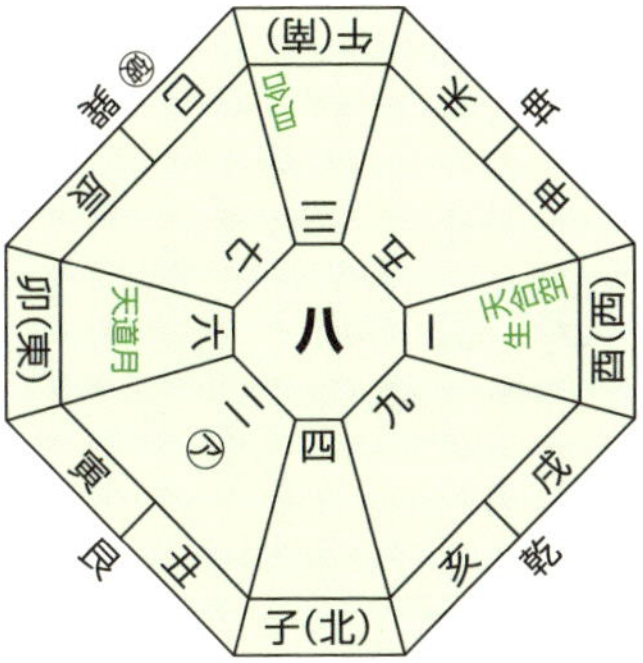

子12月大雪より

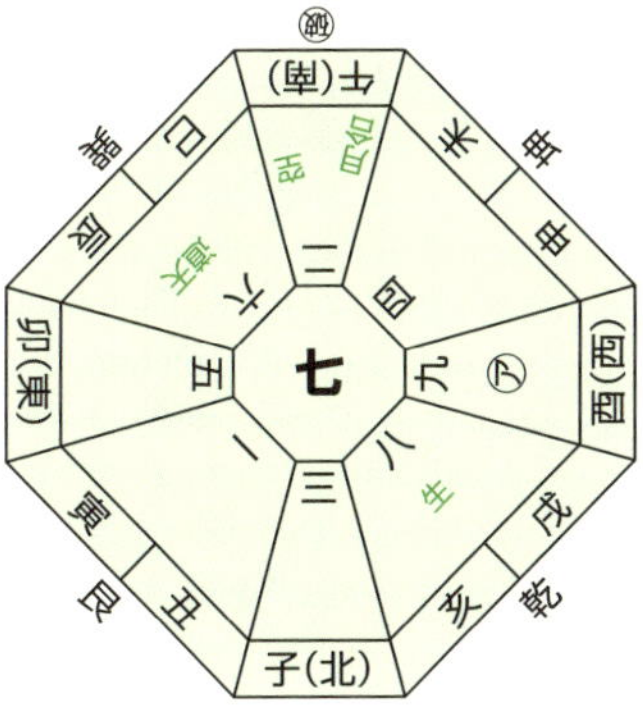

丑1月小寒より

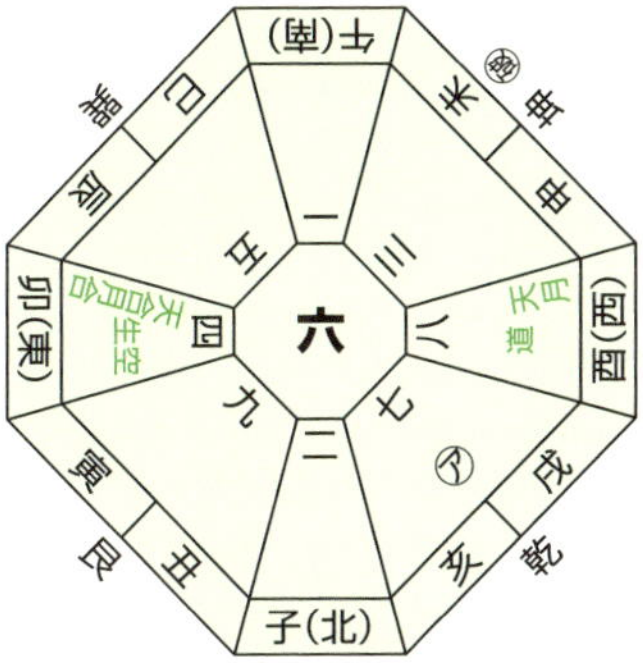

（　）内が図中の表記です。　天道（道）、天徳（天）、月徳（月）、天徳合（天合）、月徳合（月合）、月空（空）、

二黒・五黄・八白の年　寅巳申亥の月盤

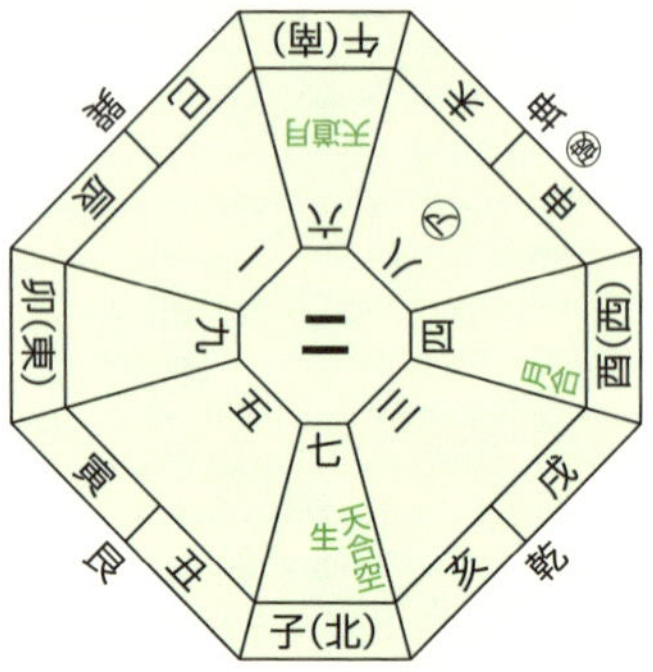

寅2月立春より

卯3月啓蟄より

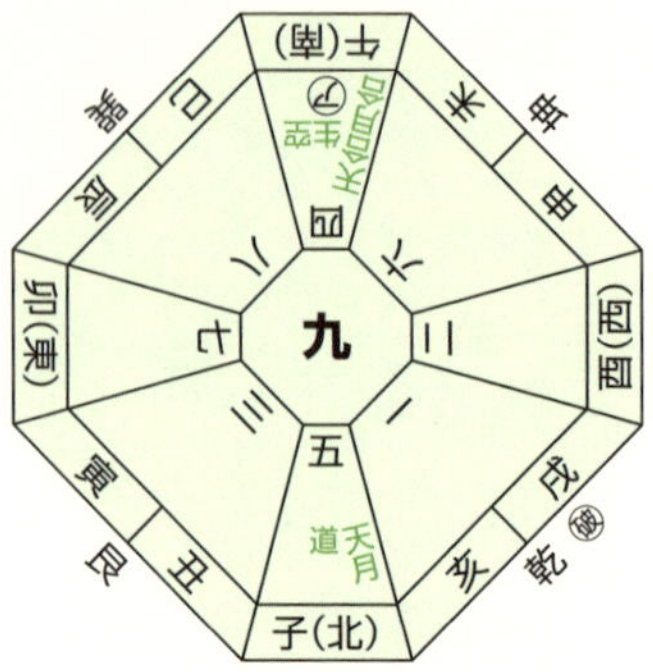

辰4月清明より

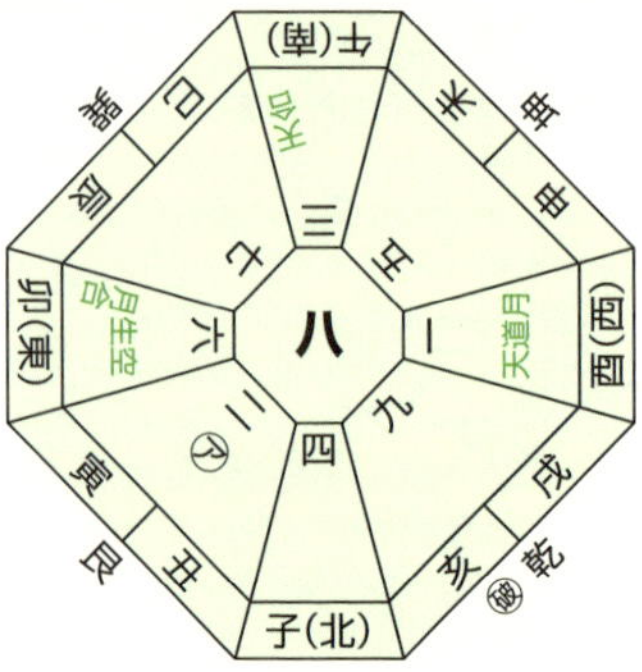

巳5月立夏より

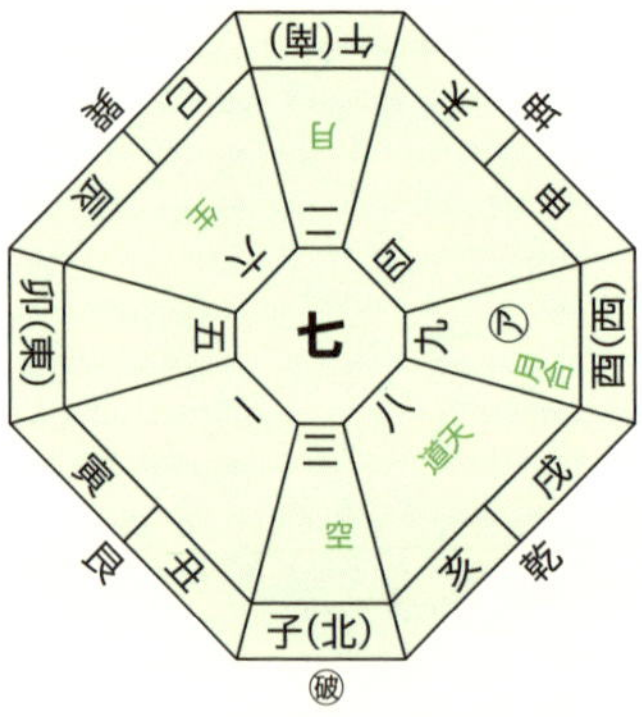

午6月芒種より

未7月小暑より

生気（生）、暗剣殺（ア）、月破（破）

（注意）毎月の節入りの日から月盤が変わる

申8月立秋より

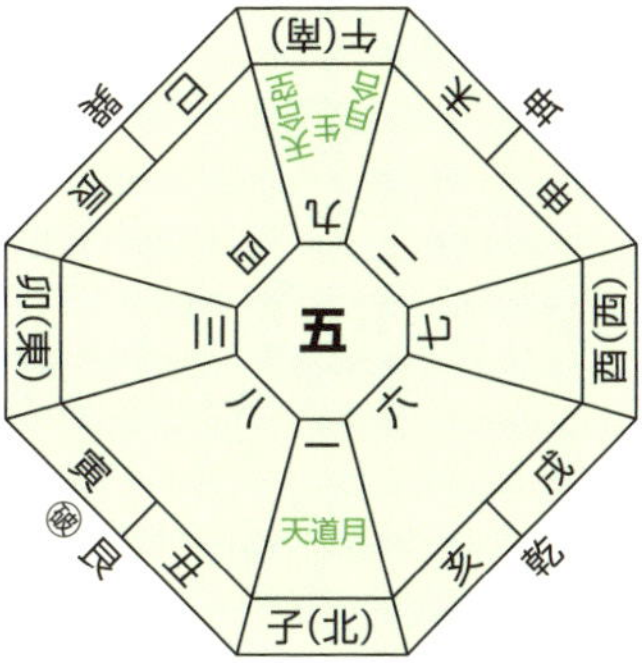

酉9月白露より

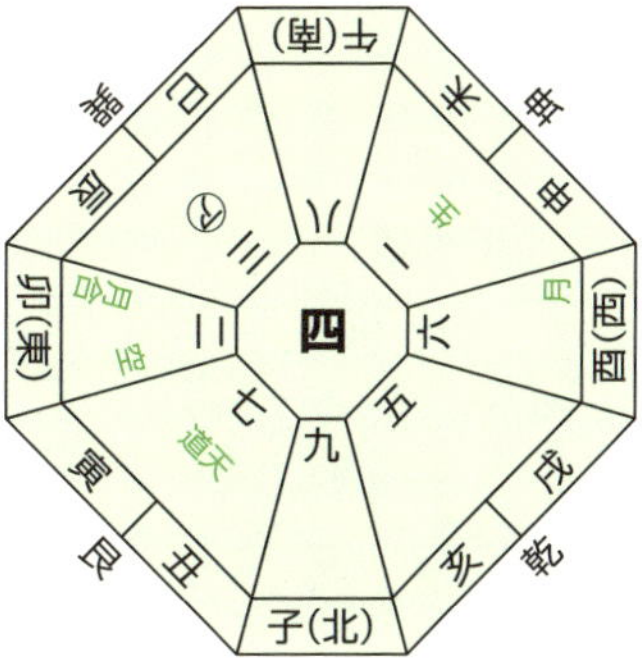

戌10月寒露より

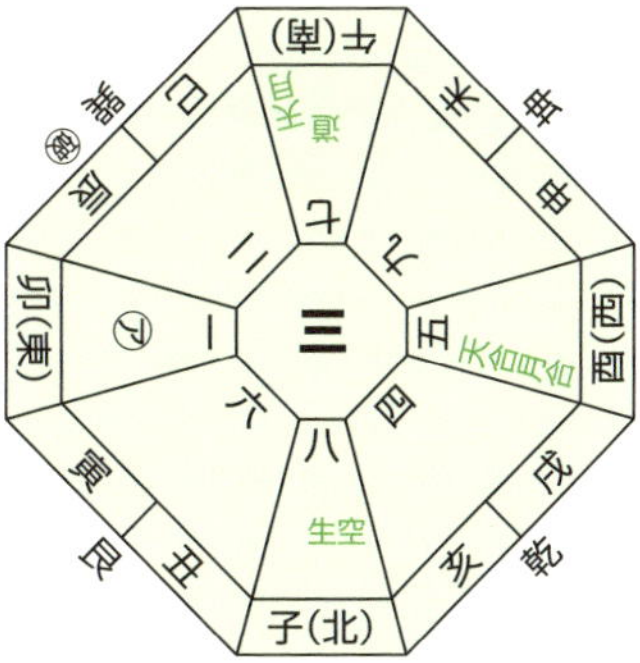

亥11月立冬より

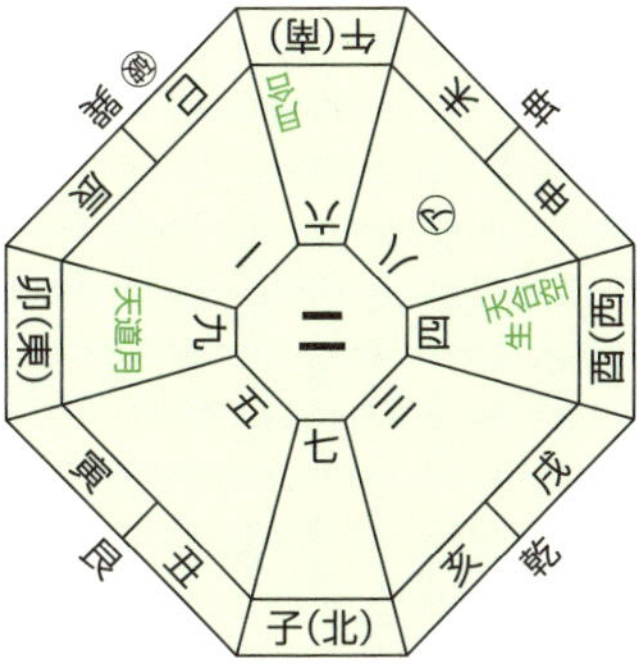

子12月大雪より

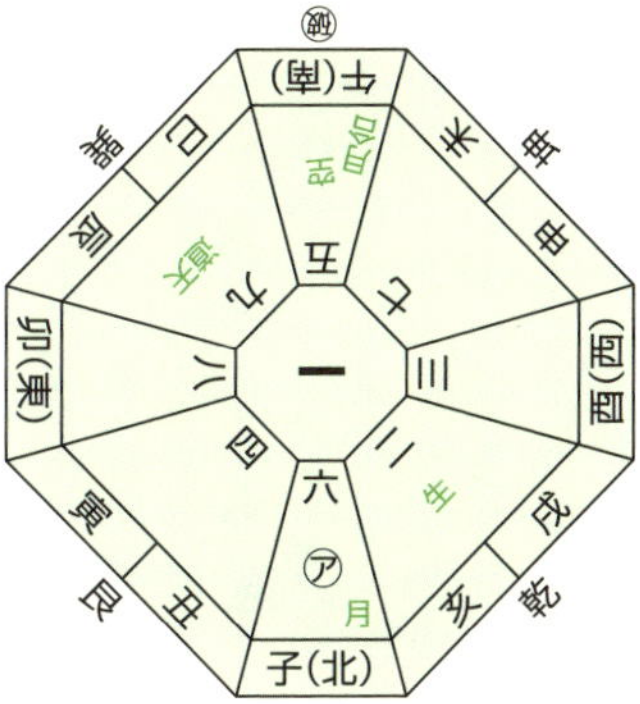

丑1月小寒より

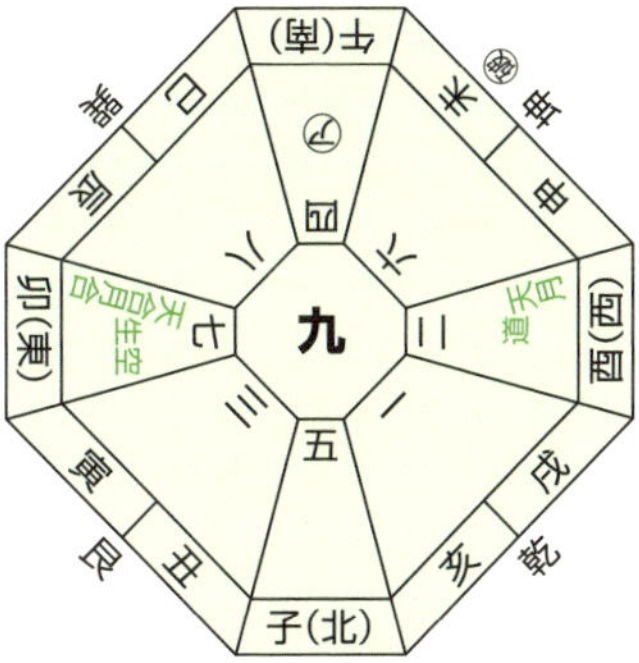

（　）内が図中の表記です。　天道（道）、天徳（天）、月徳（月）、天徳合（天合）、月徳合（月合）、月空（空）、

三碧・六白・九紫の年　丑辰未戌の月盤

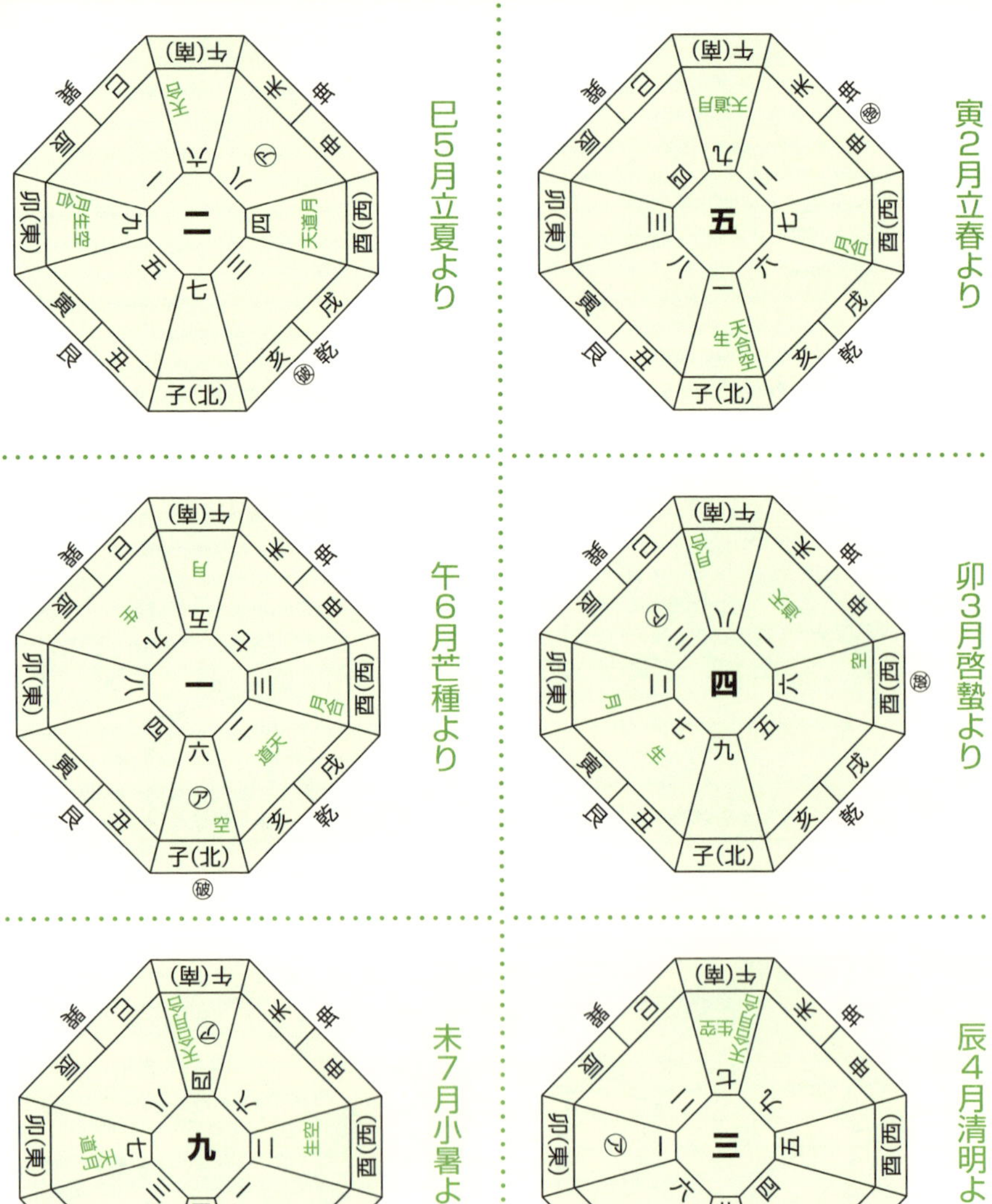

生気（生）、暗剣殺（ア）、月破（破）

（注意）毎月の節入りの日から月盤が変わる

申8月立秋より

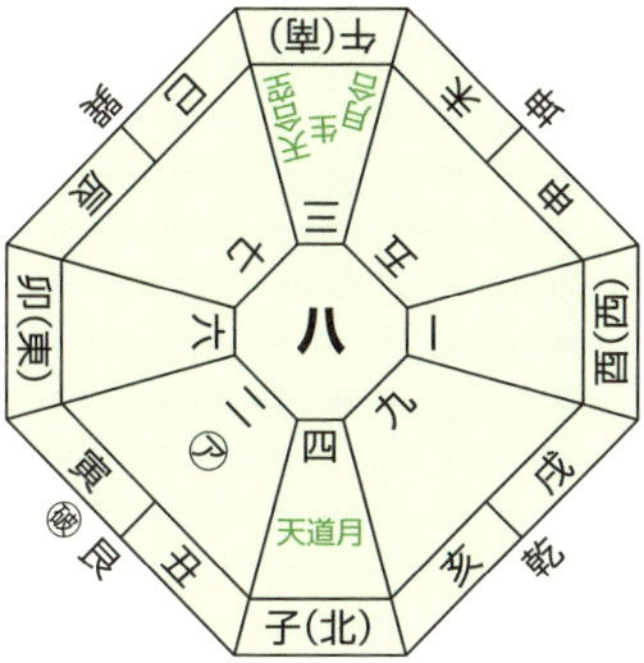

酉9月白露より

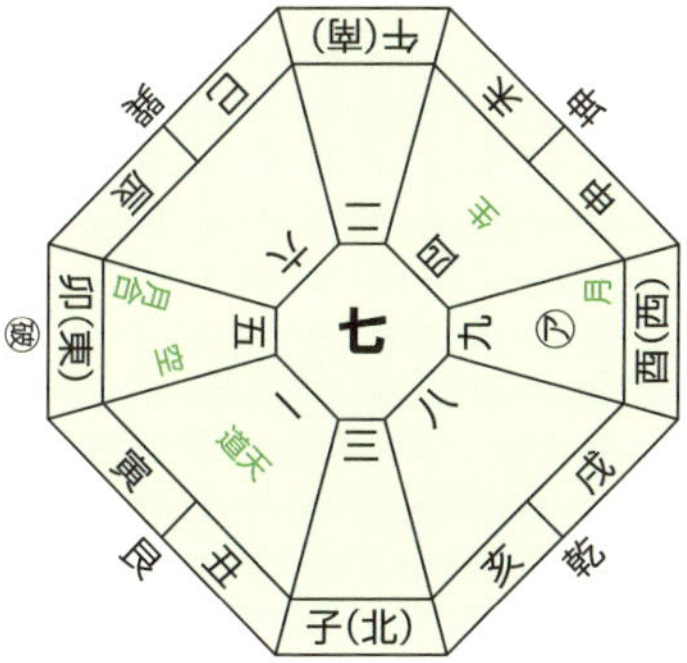

戌10月寒露より

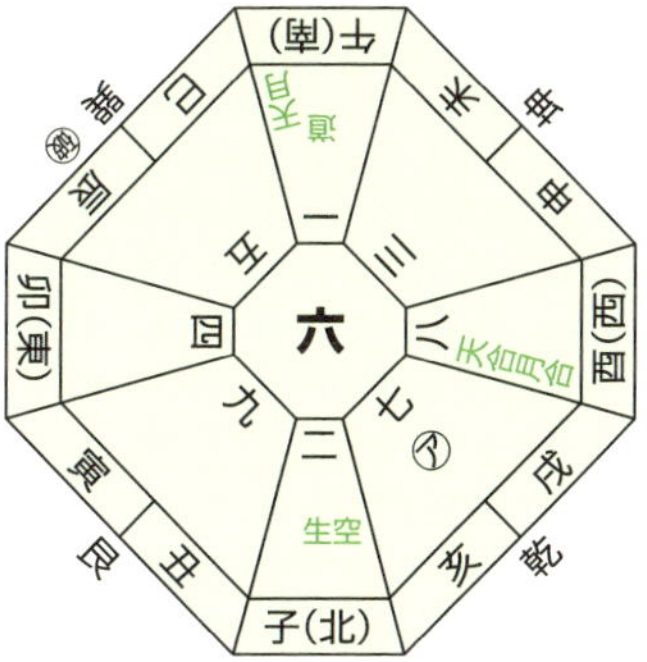

亥11月立冬より

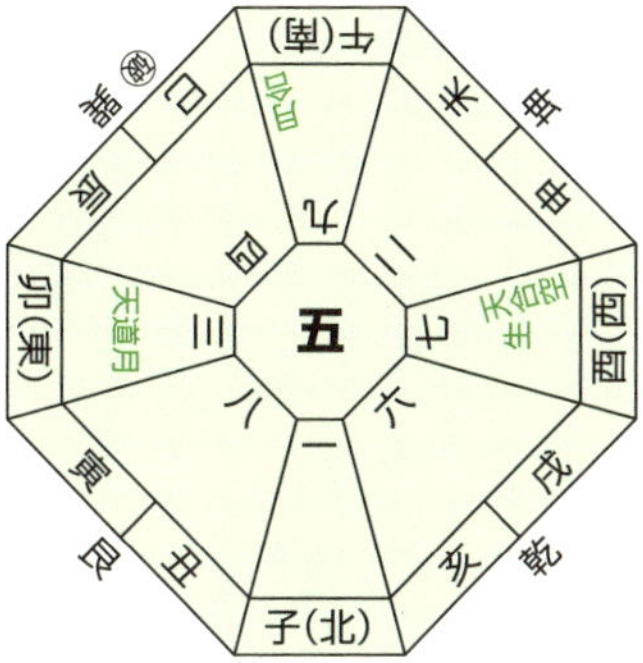

子12月大雪より

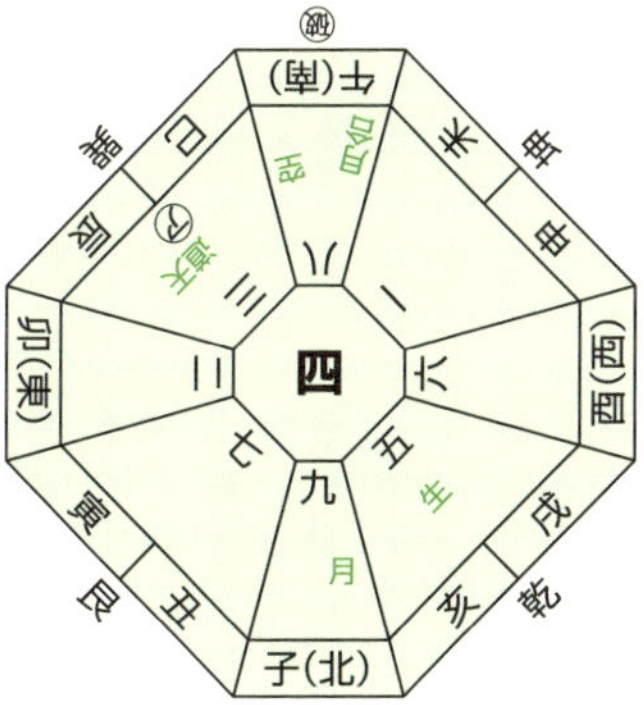

丑1月小寒より

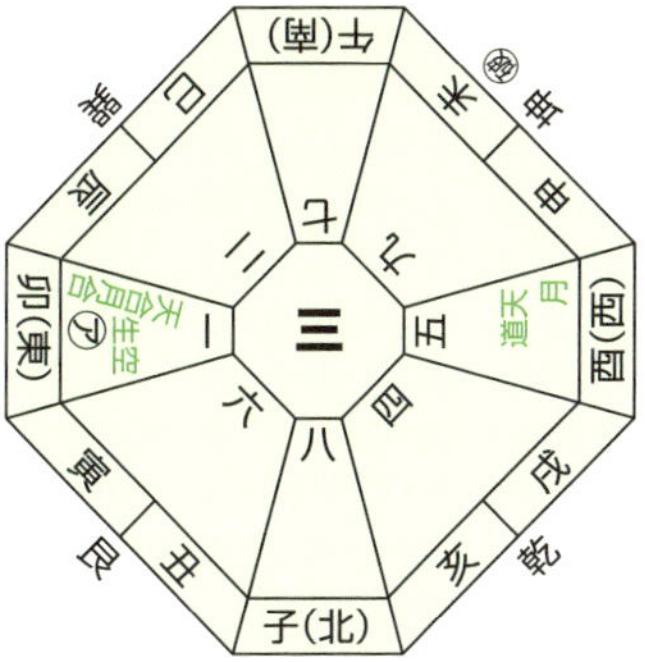

（　）内が図中の表記です。　天道（道）、天徳（天）、月徳（月）、天徳合（天合）、月徳合（月合）、月空（空）、

時刻表の見方

その年ごとに九星が決まっているように、時間にも九星があり、日の十二支によって調べることができます。年運・月運・日運と同じように、時間にも運気の流れがあり、より深くこだわって運勢を知りたい時に用います。

たとえば、入試や就職試験、資格取得のための試験、面接、大事な商談など、「この日の何時から」と決まっているような場合、年・月・日だけでなく時間の九星を活用するのもよいでしょう。また、宝くじを買いに行く時などに用いてみるのも、案外よいかもしれません。

ただし、一年は約半年ずつ、夏から冬にかけての「陰遁日」と、冬から夏にかけての「陽遁日」に分かれています。時間の運勢を見る時には、同じ時間、同じ十二支であっても、この陰遁日と陽遁日では九星が異なりますから注意が必要です。

陰遁日は、夏至に最も近い甲子の日を九紫として陰遁を始め、八白・七赤…一白と数字を減らしていき、約半年間これを繰り返します。

この後、冬至に最も近い甲子の日を一白として陽遁を始め、陰遁日とは逆に、二黒・三碧…九紫と数字を増やしていき、約半年間これを繰り返します。

では、左の表を使って、時間の九星を割り出してみましょう。時間割は二時間を一刻とし、日の十二支と、調べたい時間の欄が交わったところが時間の九星になります。

ここでは、「子」の日の午前六時の九星を調べてみます。陰遁日では十二支の「子卯午酉」の欄と、午前六時が含まれる午前五時から午前七時（卯の刻）が交わっているのは「六」で、六白中宮の時間ということが分かります。同様に、陽遁日では、「子卯午酉」の欄と、卯の刻が交わるのは「四」で、四緑中宮の時間となります。

時刻表

寅巳申亥	丑辰未戌	子卯午酉	陰遁日	時間割	陽遁日	寅巳申亥	丑辰未戌	子卯午酉
一	四	七	午前３時～午前５時		寅の刻	九	六	三
九	三	六	午前５時～午前７時		卯の刻	一	七	四
八	二	五	午前７時～午前９時		辰の刻	二	八	五
七	一	四	午前９時～午前11時		巳の刻	三	九	六
六	九	三	午前11時～午後１時		午の刻	四	一	七
五	八	二	午後１時～午後３時		未の刻	五	二	八
四	七	一	午後３時～午後５時		申の刻	六	三	九
三	六	九	午後５時～午後７時		酉の刻	七	四	一
二	五	八	午後７時～午後９時		戌の刻	八	五	二
一	四	七	午後９時～午後11時		亥の刻	九	六	三
三	六	九	午後11時～午前１時		子の刻	七	四	一
二	五	八	午前１時～午前３時		丑の刻	八	五	二

おわりに

人はだれでも幸せを望み、よい一生を送りたいと願うものです。しかし、実際には、幸運に恵まれて思い通りに生きる人がいれば、不運続きで苦労の多い人生を歩む人もいます。こうした人の運命に、九星気学が大きく影響していることを知っていただけたでしょう。

また、九星気学は大自然の真理を含み、宇宙の法則に端を発した学問であり、「当るも八卦、当らぬも八卦」などといわれるような安易な占いとは全く次元の異なるものと理解していただけたと思います。

幸・不幸や吉凶禍福にも何らかの原因があります。大宇宙のルールにしたがって、これを解き明かし、不運を未然にふせぎ、さらに幸運をつかむにはどうしたらよいか、それを教えているのが九星気学なのです。

住居の新築・増改築や移転、結婚、転職、独立開業や開店など、人生の岐路となる大きな出来事から、旅行や買い物、病院選びといった日常的なことまで、九星気学はあらゆることに活用できます。

たとえば、引っ越してすぐに家族が病気になったなど、よくない話を耳にしたことはないでしょうか。これは、方位を無視して凶方位に向かったために起きた災いの可能性があります。

一方、社屋を吉方位に移転して会社の業績が急に伸びたり、独身の人が良縁に恵まれたり、病人が回復して健康になったりと、吉方位を正しく用いることでよい結果を引き寄せた例は枚挙にいとまがありません。

このように、九星気学は幸運に導く運命設計図といえますから、何事もよい方角を選んで行動し、積極的に方位の効果を生かして、幸多い人生を送ってください。本書が、その一助となることを心から願っています。

井上　象英

著者　井上象英（いのうえ しょうえい）

暦作家・暦法研究家
神宮館高島暦著者、東北福祉大学特任講師。暦法と神道学を研究し、多方面で講演・執筆活動を行っている。
主な著書に、『井上象英の幸せをつかむ方法』（神宮館）、『幸せになれる こよみの活用術』（神宮館）、『幸せになれる 家相学』（神宮館）など。

イラスト	芳賀愛
構成	たなかゆうこ
	篠原亜紀子・進藤清美
編集	小田草介
デザイン	（有）岩泉デザイン事務所
DTP	福田工芸株式会社

知っておきたい　幸せになれる九星気学入門
2012年10月17日　初版　第1刷発行

著　者　井上象英
発行者　木村通子
発行所　株式会社神宮館
〒110-0015　東京都台東区東上野1丁目1番4号
電話　03-3831-1638（代）
FAX　03-3834-3332
印刷・製本　図書印刷株式会社　12X0130

ISBN978-4-86076-174-5
Printed in Japan
神宮館ホームページアドレス　http://www.jingukan.jp